森清範法話集

こころの姿

清水寺貫主　森 清範

上空から見た清水寺の諸堂伽藍（令和３年４月）

平成の大修理が完工した清水寺本堂（令和３年４月）

平成の大修理によって再建当初の姿に戻った清水寺阿弥陀堂

洛陽六阿弥陀

2020年「今年の漢字」発表に際し、「密」と大書する森貫主
（令和2年12月14日）

森清範法話集　こころの姿　目次

序にかえて

こころは染まらない

「平成の大修理」完工

平成二十年（二〇〇八）六月に工事に着手してより実に十三年の歳月を要して、「平成の大修理」が仏天の加護、十方のご芳縁をいただき無事円成《えんじょう》いたしました。誠に有り難く、篤く感謝を申し上げます。すでに平成の世は終わり、令和の時代を迎えております。この間、国重要文化財の馬駐《うまとどめ》、北総門、子安塔《こやすのとう》、朝倉《あさくら》堂、轟門《とどろきもん》、奥の院、阿弥陀堂、釈迦堂の八棟の堂塔伽藍《がらん》を解体、あるいは半解体して修復をしてまいりました。大修理の期間中には併せて五重塔と西門の彩色復原塗り替え、経堂と田村堂の蔀戸《しとみど》漆塗りを行い、美しい姿がよみがえりました。そして「平成の大修理」において最重要の修復事業であります国宝本堂の屋根檜皮《ひわだ》葺き替え、舞台板張り替え等の大工事を執り行ったのであります。清水寺の主要な伽藍が一挙に面目を一新したといってよいでしょう。令和二年十二月三日の本堂完工奉告法要に臨んで報道陣から感想を求められて思わず「感無量であります」と申し上げたのも御理解いただけるものと思います。

これだけの大修理は明治期以来百年に一度という規模の工事であります。ご存じのように清水寺は、奈良時代終わりの宝亀九年（七七八）に大和国（奈良県）子島寺《こじまでら》の延鎮《えんちん》上人（賢心）が夢のお告げに従って木津川から淀川を経て、音羽《おとわ》の滝があります山背《やましろ》（山城）国のこの地に到り、観音菩薩の化現《けげん》ともいうべき行叡《ぎょうえい》居士にまみえ、霊木を授けられて観音菩薩を刻み安置したことに始まります。やがて坂上田村麻呂《さかのうえのたむらまろ》公が三善高子《みよしたかこ》夫人の安産のために薬餌《やくじ》を求めて鹿狩りに訪れ、延鎮上人から殺生の戒めを受け、夫婦ともども上人に帰依して熱心な観音信者となり寺院創建に助力したのであります。これが清水寺の濫觴《らんしょう》であります。爾来《じらい》千二百有余年、京の都の観音霊場として老いも若きも男女を問わず参詣して、観音さまの広大無辺の大慈大悲心をいただいてきたのであります。お参りの善男子善女人にとって清水のこの地はまさに観音浄土であります。

　しかしながら、京の都に近かったことから戦乱闘争の兵火に巻き込まれ、あるいはたびたび不慮の大火を被ってきました。平成七年より寺の歴史をまとめた『清水寺史』の刊行をしてきましたが、その寺史編纂委員に就いていただきました学士院会員の林屋辰三郎《はやしやたつさぶろう》先生は「千二百年余りの間に十回程も大火で焼失している寺は珍しい」と言っておりました。さらに「十回程の大火焼失からすぐまた立ち直っている寺も珍しい」と驚いておりました。幸い寛永六年（一六二九）の大火も徳川三代将軍家光公による再建によって復興し、以後今日に至るまで大きな火災は被っておりません。

ところが、幕末の混乱と明治維新の廃仏毀釈《はいぶつきしゃく》、それに過酷な明治政府の上地令によって清水寺は困窮するのであります。清水寺だけではありませんでしたが、境内地はお堂の周りだけになりました。そしてお堂を直そうにも直せなくなっておりました。清水寺といえば「清水の舞台」が知られますが、舞台板が腐って、うっかり入ると床下に抜け落ちるので侵入できないように柵がしてある明治時代の写真が残っております。ようやく明治二十年代後半になって古社寺保存の大切さが叫ばれるようになり、清水寺では京都の有力者たちによる新しい信徒総代が選び出されました。国の方も古社寺保存法を同三十年（一八九七）に定めて本堂が国宝に指定されました。こうして内務省の補助金を受けて本堂の大修繕を行い、続いて奥の院、経堂、田村堂というように修復をし、門前にありました子安塔を境内南丘に移転するという境内大整備も行ったのであります。われわれの先輩たちは浄財を集めるのに大変な苦労をしたんだろうなあと偲ばれてなりません。

観音浄土の示現

このように明治の修理はまさに困窮から立ち直る大事業でありましたが、「平成の大修理」はそれに匹敵する意義が込められているのであります。本堂の屋根檜皮葺き替えは五十年ぶり、舞台板と高欄《こうらん》とをそっくり替えるのは三十年ぶりであります。言ってみれば半世紀に一度の修理であるわけですが、それだけにはとどまっておりません。本堂にはたくさんの絵馬が掛かっております。それを外して裏の漆喰壁《しっくいかべ》を塗り替えました。本堂を再建して初めてです。内々陣の須弥壇《しゅみだん》に御本尊と両脇士を納めております大きな厨子《ずし》も初めて漆を塗り直しました。屋根檜皮葺き替えは五十年ぶりといいましたが、今回使いました檜皮は前回の時より二十センチ長いものを使って葺き替えました。江戸時代の修理記録からわかったのです。これは本堂を寛永の再建当初の姿に戻そうという思いからであります。戻せるものはみな元に戻したのが「平成の大修理」です。

その中で一番目立って「おおっ、変わったなあ」と思うのは阿弥陀堂（口絵6～7ページ）であります。何に驚くかといいますと、阿弥陀さんのおられるところが変わったのです。これまでお堂の後ろに後堂が突き出ていて、そこに阿弥陀如来が安置されておりました。お参りの人にしてみれば、お堂の前から一番遠い、奥まったところに阿弥陀さんがおられたわけです。それが後堂が取っ払われ、阿弥陀さんがお堂の中央に出てきたのですから、変わり様は一目瞭《りょう》然《ぜん》です。江戸時代の終わりごろから明治にかけて、お参りの人の使い勝手がいいように、後堂を後ろに出して阿弥陀さんを移し、お堂の真ん中を空けたのです。これも今回再建当初に戻そうというので変えました。

それから屋根は修理に入る前、桟瓦葺《さんかわらぶき》だったのですが、もともとは檜皮葺だったとわかりましたから元へ返しました。いま見ますと檜皮屋根がやさしく大変きれいです。阿弥陀堂はちょっと変わったお堂でありまして、音羽の滝へ降りる石階段の上の崖ぎりぎりに柱だけが立っていて、内側は石敷きの土間になっています。ここを通って南隣の奥の院に行くのですが、まるで奥の院の通路になっています。実はこの土間が阿弥陀堂の外陣《げじん》であるのです。石敷きの外陣から内陣に上がる所に階段がありましたが、これも取っ払って、お堂の周りに縁《えん》が回る形になりました。同じく外陣と内陣の間の柱にはまっていた折り戸も蔀戸《しとみど》に変わりました。本当に阿弥陀堂は一変した感があります。すべて再建当初の姿に返ったのです。このように「平成の大修理」は寛永再建に戻す大修復でありました。ただ今はすべての工事が無事円成《えんじょう》して、霊場の境内に諸堂が見事にそろって、まさに観音浄土の示現であります。

法然上人の念仏

清水寺の阿弥陀堂といいますと、浄土宗を開かれた法然上人ゆかりの霊場であります。内陣の前に「円光大師廿五拝拾三番遺跡」と書かれた聯《れん》が掛かっております。ご存じと思いますが、円光大師は東山天皇から賜った法然上人の勅諡号《ちょくしごう》です。そして、その上に「日本最初常行《じょうぎょう》念仏道場」と彫られた後柏原《ごかしわばら》天皇の勅額が上がっております。ここで法然上人がすすめる不断念仏の行《ぎょう》が修せられました。それは日本で初めてであり、常行念仏の根本道場であるというのです。

念仏はもちろん奈良仏教においても平安仏教においてもありました。しかし、法然上人の念仏はそれまでの念仏と違っておりました。口称念仏《くしょうねんぶつ》といって、口で南無阿弥陀仏《なむあみだぶつ》と称える称《しょう》名《みょう》念仏こそ正しい行だと言ったのです。当時としましたら画期的な教えであり、比叡山などでは一心に阿弥陀如来を観想《かんそう》する観念の念仏が中心であったのです。そこを法然上人は「観念の念にもあらず。また学問をして、念のこころを悟りて申す念仏にもあらず」「南無阿弥陀仏と申して、うたがいなく往生するぞと思い取りて申す外《ほか》には別の仔細《しさい》候わず」と『一枚起請《いちまいきしょう》文《もん》』でピシャリと言っております。独特の念仏を法然上人は提唱したわけです。

そのような法然上人が清水寺の阿弥陀堂に訪れてきたことが知恩院が所蔵しております国宝の『法然上人絵伝』に描かれております。絵を見ますと本堂になっておりますが、詞書《ことばがき》は阿弥陀堂と書かれております。その詞書にこうあります。

「上人、清水寺にして説戒のついでに、罪悪の凡夫《ぼんぶ》なれども、本願をたのみて念仏すれば、

コロナ禍の中、
阿弥陀堂での洛陽六阿弥陀詣り
（令和３年２月８日）

往生《おうじょう》うたがひなきむね、ねむごろにすゝめ給《たまい》ければ、寺家《じけ》の大勧進沙弥《しゃみ》印蔵《いんぞう》、ふかく本願を信じ、ひとへに念仏に帰す。是《これ》によりて文治四年五月十五日、滝山寺《ろうざんじ》を道場として、不断常行念仏三昧《ざんまい》をはじめしに、能信《のうしん》といへる僧、香炉とりて、開白発願《かいびゃくほつがん》して行導するに、願主印蔵、寺僧等、ならびに比丘《びく》、比丘尼《びくに》、そのかずをしらず結縁《けちえん》しけり。其行《そのぎょう》いまに退転なし。阿弥陀堂常行念仏と号する是《これ》なり」

滝山寺というのは阿弥陀堂が音羽の滝の山手にありましたので「ろうざんじ」「たきやまでら」と呼ばれたのです。清水寺の印蔵や能信、お坊さん、そのほかたくさんの人たちが法然上人の説く常行念仏に結縁したとあります。ですから阿弥陀堂は法然上人と縁が大変深いのです。

念仏の中に日常がある

法然上人の念仏は口で南無阿弥陀仏と称える称名念仏これだけと思われがちですが、そうではありません。法然上人の法語や消息などをまとめた『和語灯録』にこのように言っています。

「ひじりで申《もう》されずば、め（妻）をまうけて申すべし。妻《め》をまうけて申されずば、ひじりにて申すべし。住所にて申されずば、流行《るぎょう》して申すべし。流行して申されずば、家に居て申すべし。自力《じりき》の衣食《えじき》にて申されずば、他人にたすけられて申すべし。他人にたすけられて申されずば、自力の衣食にて申すべし。一人して申されずば、同朋とともに申すべし。共行《くぎょう》して申されずば、一人籠居《ろうきょ》して申すべし」

妻がいないと念仏できないというなら、結婚したらいいし、一人では念仏できないなら、たくさんの仲間とともにしたらいいというのです。結婚するとかしないとか、一人でするとか同朋とするとか関係ない。衣食住のあり方はみな念仏の手助けとなるものでしかないと言っています。これはすごい教えです。

さらに、『一言芳談《いちごんほうだん》』という法語集に法然上人はこんな教えも説いています。

「たとひ余事をいとなむとも、念仏を申し申しこれをすると思ひをなせ。余事をしし、念仏すとは思ふべからず」

余事というのは日常生活の営みです。念仏をしながら日々の生活をしているのであって、毎日の暮らしをしながら念仏をしていると思ってはいけない、それは違うと法然上人は言っています。結果的には余事の中に念仏があっても、念仏の中に余事があっても、念仏をし日常生活をしているので同じようにみえますが、大きな違いがあります。日々の生活そのものが念仏であり、念仏をする中に毎日の営みがあるのです。念仏が先、つまり「念仏為先《ねんぶついせん》」ということです。

ご存じのように近江商人には熱心な浄土真宗の信者が多いのです。朝早くに家を出て、夜遅くに帰って来て、一日中仕事に打ち込んでいます。その仕事が余事ではなく、念仏そのものであるのです。家にいて朝早くから夜遅くまで炊事や洗濯をする、それが念仏であるのです。念仏のうてなの中に私たちがあるのです。つまり私たち一人一人が念仏であり、阿弥陀さんだと言っています。

江戸時代中期の禅僧に白隠《はくいん》という人がおります。臨済宗中興の祖といわれ、今日の臨済禅の基礎をつくられた高僧です。静岡県沼津市原にあります松蔭寺《しょういんじ》の住職をされて、そこで亡くなりました。たくさんのエピソードが残っております。寺は駿河湾に近いですから、ある漁師の話があります。ある時、白隠さんに「阿弥陀さんはどんな人ですか。どんな仕事をしているのですか」と尋ねました。「お前の仕事は何かね」と反対に白隠さんが聞きましたので「漁師で魚を捕っております」と答えました。「そうか、そうしたら網を打った時、どんな音がするかな」というので「ジャブといいます」「そうだろう、それだ。アミジャブ、アミダブだ。阿弥陀仏、それはお前のことだ」と教えたそうです。私たちはみな仏さんだと言っているのです。

人間の心の蔵

しかし、わが身を振り返ってみますと、自分は仏さんでしょうか。日ごろの行いを考えてみてください。「あれも欲しい、これも欲しい」「これが気に入らん、あれも腹が立つ」―欲が深くて、煩悩《ぼんのう》が多い、こんな私の心が仏さんでしょうか。とても仏さんとは思えません。ではありますが、インドでできた由緒正しい『涅槃経《ねはんぎょう》』には「一切《いっさい》衆生《しゅじょう》悉《しつ》有《う》仏性《ぶっしょう》」と説かれます。すべての生きとし生けるものは仏となる本性があるというのです。

大変有り難いことですが、どうも納得が行かないところがあります。清水寺の宗旨では仏性に二種類あると説きます。理《り》仏性と行《ぎょう》仏性です。理屈の上では確かに一切の衆生に仏性があります。私も仏さんです。しかしながら、実際に仏さんの行ができているでしょうか。仏さんの目から見たら、私の心は仏の心になっているでしょうか。人間の心はどうなっているのか、もう一遍、詳しく見てみる必要があります。

四、五世紀ごろ、インドに瑜伽行派《ゆがぎょうは》という大乗仏教の学派が興《おこ》りました。この瑜伽行派は人間の心をアーラヤといいました。それを中国では漢字の音で写して「阿頼耶《あらや》」と書き表し、心の働きを意味する識をつけ「阿頼耶識《あらやしき》」と表現しました。また、いっぱい貯えられているところという意味から「蔵《ぞう》」とも翻訳し、「蔵識《ぞうしき》」と表しています。

みなさんの蔵の中には、もう使わなくなった先祖代々のものから、昨日今日のものまで、いっぱい収められています。オギャーと生まれた時、みなさんはお父さん・お母さんの縁《えん》のもとに生まれ、お父さん・お母さんはそのまたお父さん・お母さんの縁のもとに生まれ、というように四十億年前に地球上に生命が誕生して以来の長い長い行いの結果が貯えられています。さながら草花の種《たね》が蔵に収められているように蔵識に収められています。蔵にはそれだけではありません。生まれて以来の行いや印象、思いの結果が、これまた種のように収められていきます。この種が成熟しますと、私たちの世界のありとあらゆる存在を生じる根本原因になります。

瑜伽行派の人たちは、蔵識に収められ植えつけられていく種を「種子《しゅうじ》」と呼び、もともと貯えられていた種子を先天的に本来あるという意味から「本有《ほんぬ》種子《しゅうじ》」、後から後からどんどん植えつけられてくる種子を新たに薫《くん》じられるという「新熏《しんくん》種子《しゅうじ》」と名付けました。植えつけられていく作用がちょうど香りが衣服に染み込んで残るのにたとえて「熏習《くんじゅう》」といったのです。蔵識は次から次と種子が入ってきても溢れ出るということもなく、いつまでも保ち持ち続けています。そして蔵識の中は恒《つね》に河の暴れる水の流れの如くに種子が変化し相続するので「恒転《ごうてん》如暴流《にょぼうる》」と表現しています。このように蔵識は種子をよく貯え保持するので「能蔵《のうぞう》」といい、また表面から種子が熏習されていく働きがあるので「所蔵《しょぞう》」、さらに潜在意識の下にあって我執となって現れるので「執蔵《しゅうぞう》」の三つの意味があると説かれています。

心の蔵は複雑でありますが、蔵の中に入っている種子から一切のものが生じてきます。これは単純な話です。蔵の中にないものは現れてこないということです。それは私たちは蔵を通して見ているからです。

人間はつい自分のことを棚に上げて自分には気が付かないものです。障子の破れが大変嫌いな人がいました。ふと隣の家を見ますと、障子が破れています。「なんだ、隣の家はだらしない」と怒っています。その隣の家を見ているのは自分の家の障子の破れからだと気が付かないのです。私は書道が好きですので、街中で書道展がありますと折々に見に行っております。前衛書道の作品も展示されていますが、私にはさっぱりわかりません。それは私の心に前衛書道がないからです。前衛書道の種子が入っていないのです。

心は「無記」に支えられる

行いの結果として蔵識に種子が入ってきますが、行いには善も悪もあります。そうしますと善人の蔵は善でいっぱいになって善の心になるのでしょうか。地位もあり長年にわたって善行を積んできた名望家でも、ふとした欲望から人の物を盗ったとしますと、たちまちにして泥棒となり警察に逮捕されてしまいます。反対に強盗に殺人に詐欺にと悪事を重ねてきた人も刑務所で改心し罪を償えば、善人となります。古い民家には先祖代々何百年と受け継いできた蔵があります。蔵の中は暗いのですが、長い間、戸を閉じたままであっても、いったん戸を開けますと、パッと明るくなります。長年暗闇だったからといって蔵は闇に染まっていません。いつも戸を開けて使っている明るい蔵も戸を閉ざせば、たちまちに真っ暗になります。善行の結果、あるいは悪行の結果として蔵に入ってきた種子は善でも悪でもない「無記」であると瑜伽行派の人たちは言いました。これはインド人の思想ですが、素晴らしい考えです。「零《ぜろ》」を発見したのはインド人ですが、「無記」は「零」や「中《ちゅう》」に通ずる考え方といえます。私たちは善ともならないし悪ともならない心の土台に支えられているのです。蔵識は善にも悪にも染まらないのです。ですから、いつでもやり直しができます。

　このような無記の話をしておりましたら、知り合いが横浜刑務所に勤めており、是非その話をしてほしいと頼まれたことがあります。もう随分、昔になりますが、話をしてケヤキ材で作った立派な硯箱をいただき、いまも持っております。受刑者を前に「清水の舞台から」と題し「人間は悪を積んでも心は悪に染まらない。やり直しが効く」と話しましたところ、ある受刑者から手紙がきました。「実は若い時に私も女房、子どもを連れて清水の舞台に行った思い出があります。心を入れ換え、今日から善行を積んだら、善人になるという話を聞き、心が洗われた気がしました。心を改め無事ここを出られたら、清水さんに参ります」とありました。
心は善にも悪にも染まらないからこそ、善の中にどっぷりとつけておくことが大切です。善に包まれて心はいつも明るくなっています。これが法然上人の念仏であるのです。南無阿弥陀仏の「南無」は阿弥陀さんと一体になるという意味です。私たちはよく「オンバザラタラマキリク」と千手観音の真言《しんごん》を称えます。この「オン」も観音さんと一つになるということです。浄土真宗の信者さんが称える「帰命《きみょう》無量寿如来」の「帰命」も同じです。心は染まらないからこそ仏法の水につけておく精進をするのです。そうすることで仏さんと一つになります。

私の知人に谷口全平という方がいます。松下電器に入社し、長らくPHP研究所で出版に関わった人です。パナソニック創業者の松下幸之助さんと親しくして、その時々に話した言葉をまとめております。松下さんは幼い時に自転車屋の小僧になりました。暑い時も寒い時も朝一番に店先の戸を洗い雑巾掛けするのが仕事です。自転車屋の前には立派な門構えの家があり、息子さんがランドセルを背負い、編み上げ靴を履いて「行ってきます」と小学校に通っていました。同じ年格好の子どもです。自分も学校に行きたいと松下さんは思いましたが、目の前の雑巾掛けが生活の基本だと精進した話を聞きました。当時、自転車は時代の先端の乗り物であり、その自転車屋の奉公に精進し尽くすことで、先端の技術とも商売の知恵とも一つになれたのでしょう。

親鸞《しんらん》聖人は『歎異抄《たんにしょう》』の中で「さるべき業縁《ごうえん》のもよおせば、いかなるふるまいもすべし」と言っています。しかるべき業縁に促されたら、心は無記ですから、どのような振る舞いもしかねないのが私たちです。だからこそ仏の教えに浸かって、心に仏を保ち続けなければならないのです。

記念の年に際会して

もう一つのお月さま

盂蘭盆法話百年百回

平成二十七年（二〇一五）は清水寺にとっては節目となる記念の年でありました。一つには大正三年（一九一四）に大西良慶《りょうけい》和上が清水寺住職として晋山され、翌年すぐに始められた盂《う》蘭盆法話《らぼんほうわ》が百回を迎えました。百年続いたのです。いまでこそ各宗の寺々が七、八月に暁天講座という法話会を開くのが京都の風物詩になっていますが、その先駆けとなったのが良慶和上が始めた盂蘭盆法話でありました。記念となりました百回法話会には良慶和上が名付け親になりました五つ子ちゃんの山下頼充さん紀子さん夫妻ご一家がお見えになりました。

二つには良慶和上三十三回忌の年に当たっておりました。昭和五十八年（一九八三）二月十五日、お釈迦さま涅槃の日に遷化《せんげ》されたのです。晩春の陽気のよい五月二十八日に有縁の諸大徳や信徒の皆さまのご出仕を得て、三十三回忌法要を勤修いたしました。

三つには清水寺が昭和四十年に北法相宗《きたほっそうしゅう》として独立して五十年の歳月がたち、立宗に際して創刊した『清水』誌が二百号に達しました。記念の特集が編まれました。

四つには、これまた良慶和上が晋山して間髪を入れず始められた普門会《ふもんかい》の伝統を引き継ぎます音羽会が通算し千回の法話会を数えました。年の暮れに信者会員のみなさまと喜びをともにしました。まことに結構な年にめぐり合わせていただいたわけです。

会社にしても会合にしても活動を続けて回を重ねていけば、いずれは記念とすべき年数や回数に達します。当たり前と思うかもしれませんが、百年目あるいは千回目というような時にめぐり合えるのは、願ってできるものではありません。そのような記念すべき時を私たちがともに迎え、ともに喜び合えるというのは、本当に不思議なご縁だと思うのです。

仏教では縁《えん》を大切にします。盂蘭盆法話百回も音羽会千回も、まず何といっても良慶和上の徳をいただいているのであります。まことに有り難いことです。もう一つ、貴重な記念の時に際会できるのは自分も含めて多くの人が努力して、ご縁を受け継いだ結果です。受け継いでいく精進《しょうじん》が有り難いのです。一つ一つ絶え間なく物事を続けて行うことを相続といいます。常に思いを間断なく続けるのを仏教用語で念念相続《ねんねんそうぞく》と言い表します。仏の悟りの本質を師匠から弟子へ受け継いでいくのを相承《そうじょう》、あるいは相伝といいます。師資相承、相承伝来など、みな同じ意味です。途切れることなく受け継いできた精進の積み重ねが記念の時の際会になるのですから、これほど有り難くうれしい時はないわけです。このように思って、記念の平成二十七年を過ごしました。

第百回盂蘭盆法話で話す森貫主（平成27年8月5日）

瑩山禅師と清水寺の観音さまの縁

横浜市鶴見区に曹洞宗《そうとうしゅう》大本山の總持寺《そうじじ》があります。同じ年の十月に、その總持寺の二祖に当たります峨山韶碩《がさんじょうせき》禅師が六百五十回大遠忌を迎えるというので、大きな法要が奉修されました。江川辰三《しんざん》貫首とは知り合いでしたので、「是非お参りください」とお招きを受けて行ってまいりました。曹洞宗には福井県にも大本山の永平寺があり、つまり大本山が二つあります。總持寺はもともと永平寺と同じように日本海側の能登半島にありました。現在も總持寺祖院が石川県輪島市の門前町にありますが、このもとの總持寺が明治三十一年（一八九八）に火災にあって焼けてしまいました。そこで思い切って日本海側から太平洋側に出てきたのです。大変な英断だと思います。横浜の鶴見に参りますと、広大な境内に大きな建物がたくさん建っています。中でも大祖堂《だいそどう》がひときわ大きなお堂で、知恩院や本願寺の御影堂を思わせるものがあります。この大祖堂に曹洞宗を日本に伝えました道元禅師、太祖と崇《あが》められています瑩山紹瑾《けいざんじょうきん》禅師、そして二祖の峨山禅師というように歴代の禅師がお祀りされています。

平成二十七年は峨山禅師の六百五十回大遠忌でしたが、実は令和六年には瑩山禅師の七百回大遠忌も控えておりまして、總持寺ではポスターに二人の尊師のお姿を掲げ「相承」という言葉を大きく書き、大遠忌の法会を機縁として大いに遺徳の讃揚《さんよう》に努めております。先ほども言いましたように相承は仏の教えの精髄を師から弟子へと受け伝えていくことですから、これでもわかりますように峨山禅師の師匠は瑩山禅師であるわけです。この瑩山禅師という方は、清水寺の観音さまと大変深いご縁があります。曹洞宗の方はご存じと思いますが、清水寺境内の南苑に黒く大きな碑が建っています。建碑してもう二十年になります。そこの最初に「曹洞宗太祖瑩山禅師と清水の観音さまとの深いえにしを報恩顕彰する碑」と書いてあります。

道元禅師は中国に渡られて、曹洞宗の禅法を嗣《つ》いで帰国しました。禅師は厳しく正法継承の弟子を育てることに力を注ぎ、坐禅一途の仏道を歩まれた方です。その教えを一般民衆に飛躍的に広め、今日の曹洞宗の隆盛のいしずえを築かれたのが、瑩山禅師と峨山禅師であります。瑩山禅師は永平寺で出家得度しますが、臨済宗の禅についても、また比叡山に登って天台宗についても学びました。それだけでなく真言密教も白山権現信仰、熊野信仰などの神道もというように広く修行しています。弟子の峨山禅師は十六歳で同じく比叡山に登り、六年間天台宗を学んでいます。その時京都に来られた瑩山禅師を訪ねて問答しているのです。そして、さらに長い諸国遍歴の修行を重ねています。このように二人とも幅広い修行をしたことが、民衆教化に大きな力を発揮したのでしょう。

さて、このような瑩山禅師がどうして清水の観音さまと深いご縁を結ぶことになったのでしょうか。碑の文章は駒沢女子大学学長をされた東隆眞《あずまりゅうしん》先生が書かれています。禅師のお祖母《ばあ》さんは明智《みょうち》さまといい、道元禅師に聞法し参禅された方でした。瑩山禅師が生まれる前のことですが、明智さまが七、八年間も肉親の前から姿を消してしまいました。おそらくはどこかで禅の修行をしていたのではないでしょうか。そこでのちに瑩山禅師のお母さんとなる懐観《えかん》さまが消息を捜し求め、お祖母さんにお目にかかりたいという願をかけ清水の観音さまに毎日参りました。明日は満願という日、通う道で小さな十一面観音さまの頭を見つけ、もし明智さまの様子がわかるならば、観音さまを直したいと願をかけたところ、明智さまと再会することができたのでした。そして懐観さまは郷里の越前（福井県）にあります観音さまにお祈りして瑩山禅師を産みました。このようにしてお祖母さん、お母さんの深い観音信仰のもとで瑩山禅師は育っていきます。江川貫首が私を大遠忌にお招きされたのは、瑩山禅師と清水の観音さまとのご縁からでしょう。

立派な禅僧に成長した瑩山禅師は、能登（石川県）に永光寺を開かれますが、そこに十一面観音さまをお祀りする円通院を建てました。また能登に總持寺を開くにあたり門に入って見回しますと、「清水寺のごとく、壮観であり、ここは仏法の縁が熟した霊場であるとの瑞夢を感じた」と碑文に書かれています。もともとそこには諸岳《もろおか》観音堂という寺があり、それを譲り受けられて禅宗に改め、總持寺としたのです。瑩山禅師はよほど観音さまに縁のある方だと思います。

月が二つあるのを知っているか

峨山禅師は瑩山禅師の「二神足」と並び称される高弟の一人です。峨山禅師もお母さんが文殊菩薩に祈願をこめて生まれた方で、文殊菩薩の申し子といわれます。先ほど述べましたように、はじめ比叡山で天台宗を学び、京都に出てきた瑩山禅師と出会いました。瑩山禅師は峨山禅師が大変すぐれた人だとすぐ見抜き、「あなたは私の禅の道に入るべき才能の持ち主です。衣を替えて身を禅宗に投ずべきです」とすすめました。すぐには瑩山禅師のもとには行かなかったのですが、やがて瑩山禅師のいる加賀（石川県）の寺に訪ねて行って禅宗に入っていきました。そして嗣法を受けて總持寺の住職を任され「二十五哲」といわれるような優秀な弟子をたくさん育て、九十一歳という長寿の生涯を送りました。この教化によって曹洞宗は全国にひろがり、今日およそ一万五千の寺院と二万五千人の僧侶という大教団に至る基盤を築いたわけです。

峨山禅師が瑩山禅師の寺を訪ね、弟子になった時、問答がありました。なかなか面白い禅問答です。瑩山禅師は峨山禅師に問いました。「あなたは月が二つあることを知っていますか」。峨山禅師は「わかりません」と答えました。「それがわからないうちは、曹洞宗の宗旨を継承することはできません」と言われるのです。

禅問答ですから、禅宗の宗旨でどのように捉えているのかわかりませんが、私どもの法相宗から見るならば、二つあるという月の一つは仏です。法であり、真理です。そして、もう一つ月があります。それは私です。このように考えます。私がお月さんを見ている、お月さんが映っているのです。

良慶和上の和歌に「仏の道」という一首があります。

　草の葉の露にも月はやどるなり
　心をみがけ道の友人

草の葉にも月は映ります。けれども露がなかったら月の姿はくっきりと映りません。これが受け皿なのです。受け皿がしっかりとしていないと、月が映らないということです。受け皿があれば、池にも田んぼにも川にも月は美しく映ります。これがもう一つのお月さんです。受け皿にお月さんが映ったら、お月さんは二つあります。ですが、二つあるわけではなくお月さんは一つで、これが仏であり、法であるのです。自分がわかるかどうかなのです。

法然上人に「月かげ」という有名な歌があります。

月影のいたらぬ里はなけれども
ながむる人の心にぞすむ

月は満遍《まんべん》にすべてのものを照らしています。里人の誰彼《だれかれ》なしに全員を照らしています。けれども、「ながむる人の心にぞすむ」のです。眺める人がなかったら、いくら月が照っていても月があることがわからない。例えば、「昨日はいい満月やったなあ」と言っても、「えっ、月が出ていたかなあ」といった具合です。見ていても見ていない。月が出ていても出ていない。それは見る器《うつわ》がないのです。

お釈迦さまの拈華微笑

皆さん、ちょっと自分の日常生活を振り返ってみてください。例えば、朝起きて、私の法話会の席に座り、話を聞いているのを当たり前のように思っていませんか。夕べ寝て、朝に目が覚めること自体不思議なことです。無量の大自然のエネルギーをいただかないと、朝起きて、出掛けて行って法話会の席に着くことはできません。いただいているエネルギーに気が付くかどうかは受け皿といえます。この受け皿が非常に重要です。

私の好きな詩人に寺山修司という人がいます。たびたび紹介している言葉ですが、彼は「しょうむない本はない。ただし、しょうむない読み手はおる」と書いています。ズバッと言っているところが、寺山修司の魅力です。要するに、ちゃんとした受け皿があるかということを問うているのです。

有名な禅問答の一つに拈華微笑《ねんげみしょう》というのがあります。あるときお釈迦さまが説教をするため霊鷲山《りょうじゅせん》に出てこられ、梵王《ぼんのう》が金波羅華《こんぱらげ》を差し出しましたので、お釈迦さまが黙って手にして、ちょっとひねって弟子たちに示しました。弟子たちはその意がわからなかったのですが、摩訶《まか》迦葉《かしょう》尊者だけがにっこり微笑《ほほえ》みました。そのとき、お釈迦さまは摩訶迦葉尊者に「おまえに自分の法を授ける」と言いました。お釈迦さまはお月さまです。摩訶迦葉尊者は月の受け皿です。二つのお月さまがポンと一つになったことを言っています。禅宗ではこのようなことを厳しく説いていますが、法相宗から言いますと、受け皿がしっかりできているかどうかを問題とします。受け皿とは何かといいますと、唯識《ゆいしき》で説いています八識の第八に数えます阿頼耶識《あらやしき》です。心のことです。その心から一切の物事が生じてきますから、心によって世界は変わってくると説きます。

年末になりますと、しばしば忠臣蔵が登場してきます。大石内蔵助《くらのすけ》をはじめとする赤穂浪士四十七士のお話です。映画であったり、テレビドラマであったり、芝居であったり、いろいろ演じられます。私もよく見ました。内蔵助を里見浩太朗さんもやりましたし、古いところでは長谷川一夫さんもやりました。ご存じのように浅野内匠頭《たくみのかみ》が江戸城で吉良上野介《こうずけのすけ》を切りつける刃傷事件を起こします。殿中で刀を抜いたら、一族郎党そろって路頭に迷うのは確実です。百も承知の上で、抑えきれずに刃傷に及びました。刃傷はその時の判断です。内蔵助らの郎党に主君の判断の受け皿があったかどうかはわかりません。浅野内匠頭は「花さそふ花よりもなほ我はまた春の名残をいかにとやせん」と歌って切腹しました。たちまち赤穂《あこう》（兵庫県）の城地は没収となり、一族郎党は案の定、路頭に迷うことになりました。しかし、結果的には赤穂浪士四十七士はさまざまな苦難を乗り越え、上野介を討って主君の無念を晴らし切腹することになります。浪士たちに主君の心の受け皿があったことになります。

二つの「草履取り」の話

豊臣秀吉の出世話で、よく知られている話があります。まだ木下藤吉郎と名乗って織田信長に草履《ぞうり》取りとして仕えていた時のエピソードです。寒い冬、主君が出て行くのに、冷たい思いをしてはいけないというので、草履を懐《ふところ》で温め、信長が出てきた時に差し出しました。信長が履くと温かいので、信長から「主君の草履の上に腰かけて待っていたのか」と問いただされるのですが、藤吉郎は懐で温めていたことを述べ、言う通り懐が泥で汚れていて、信長から「気の利くやつだ」と認められ出世のきっかけをつかんだ話です。

同じような話がもう一つ伝わっております。鎌倉時代の中ごろ常陸国《ひたちのくに》真壁《まかべ》、現在の茨城県桜川市の真壁に城を築いて一帯を支配する真壁時幹《ときもと》という武将がおりました。その時幹に平四郎という忠実な下僕があり、地元真壁の出身であることから真壁平四郎と呼ばれておりました。ある時、平四郎は主人の時幹に従って出かけ、訪問した屋敷の玄関で主人を待っておりました。折しも冬で、雪が降っておりました。平四郎は主人が帰る時に下駄が冷たくては困るだろうと懐に入れ、ジッと待っていました。いよいよ時幹が出てくる様子でしたので、サッと下駄を玄関にそろえたのですが、時幹が履くと下駄が温かい。途端に「おのれ、お前はおれの下駄を尻にひいて待っていたな」と下駄でもって平四郎の眉間《みけん》を何度も打ち据えました。額《ひたい》が切れて血が雪を真っ赤に染めたそうです。その時以来、平四郎は真壁から姿を消しました。

鎌倉幕府は北条時頼《ときより》が執権となって政治をとっていた時代です。日本三景の一つ、松島（宮城県）に瑞巌寺《ずいがんじ》という禅宗の名刹《めいさつ》があります。瑞巌寺と名乗る寺はあちこちにあり、岐阜にもありますし、四国の徳島にもあります。徳島の瑞巌寺は蜂須賀公《はちすかこう》の菩提寺《ぼだいじ》で、素晴らしい寺です。私の友人が住職をしておりましたので、何回かお参りしました。

松島の瑞巌寺は正式には青龍山瑞巌円福禅寺というのですが、このような名前にして瑞巌寺を立派に再建したのは伊達政宗です。再建される前は天台宗の延福寺を禅宗に改めた円福寺という寺があったのです。実は天台宗の延福寺を禅宗の円福寺に変えたのが北条時頼なのです。

諸国行脚をしていた北条時頼が松島に立ち寄ったとき、鎮守の山王社の祭礼をやっていたのですが、それを邪魔したというので、延福寺の衆徒が怒り出しました。もう少しで殺されそうになりましたが、時頼は危うく岩窟《がんくつ》に逃げ込みましたところ、そこに修行中の立派な禅僧がおりました。性才法心《しょうさいほうしん》という人で、時頼はいろいろと問答するうちに、感銘を受け帰依することになりました。鎌倉に帰った時頼は一千の兵を家来に授けて延福寺の衆徒を追い払い、岩窟から法心を捜し出して開山とし円福寺という禅寺に改めました。

そして時頼は法心に教えを受けるために、家来を引き連れて円福寺にやってきました。その家来の中に常陸国の真壁時幹もいました。時頼の後ろに控えていた時幹も一緒に教えを受けたあと、ふと床の間に古ぼけた下駄が飾ってあるのに気付き、不思議そうに眺めました。法心が時幹の様子に気付きましたので、「実は私はあなたに仕えていた時、下駄で打たれ、それに発奮して出家し、中国の宋に渡り、無準師範《ぶじゅんしばん》に参禅して帰国しました。今日あるのも下駄で打たれたお蔭です」と丁寧にお礼を述べました。確かに法心の額には傷跡が残っています。時幹は恥ずかしくなって平謝りに謝りました。法心は重ねて「いやいや、あの時に腹を決め、もう一度最初から勉強して修行しようと気付いたのです。あの時のお蔭です」と挨拶したそうです。

織田信長は臣下の思いにすぐ気が付きました。受け皿があったことになります。それに対して真壁時幹は受け皿がなかったことになります。その時、その時、どのように判断するのか、満遍なく照らしているお月さまをどのように見るのか、それが問われているのです。私どもの法相宗からしますと、八識の阿頼耶識《あらやしき》、つまり心の世界にお月さまがすっきり映るように整えていくことが大切だろうと思うわけです。

令和の世となって

六窓一猿

仁王門前の老紅梅

新天皇が令和元年五月一日に即位され、新しい年号が始まりました。令和という元号は、初めて日本の古典から採られたということで大きな関心を集めました。ご存じのように『万葉集』の梅を詠んだ和歌の序文に「初春《しょしゅん》の令月《れいげつ》にして、気淑《きよ》く風和《かぜやわら》ぐ」とあるところから考案されました。皆さんはどのように受け止められたでしょうか。私は早速「令月風和」と色紙にしたためて、親しい方々にお渡しいたしました。「令」には「美しい、よい」という意味があって「よい月になって風もやわらいで」と申し上げたわけです。

辞書を見ましたら「令月」には陰暦二月の意味もあるそうでして、まさに梅の季節です。『万葉集』にはたくさんの梅の歌が詠まれています。

清水寺には仁王門の前に素晴らしい紅梅の老木があります。毎年いい具合に花を咲かせます。早朝、誰もいない境内を巡り、あの梅の下を通りますと、何とも言えない良い香りがします。「梅《うめ》が香《か》」であります。凛《りん》とした上品な香りであります。私は梅が好きですから、毎年二月から三月のころが楽しみでなりません。こんなお公家さんの歌があります。

万《よろず》代《よ》に咲ける中にも初名草《はつなぐさ》
春を待たでや花を見るらん

初名草は梅の異称です。春告草《はるつげぐさ》ともいいます。春になるかならないうちに真っ先に咲きます。

仁王門前の紅梅は森孝忍部長の話ですと、樹齢が百五十年にもなるといいます。ということは明治維新から間もなくに植えられたわけです。明治維新の廃仏毀釈《はいぶつきしゃく》では、どこの寺院も大変疲弊しました。何とか復興しようとして一生懸命にやったのですが、清水寺はなかなか思うようには行かなかったようです。清水寺は末寺がありませんし檀家もありませんから、しっかりした経済的な支えがなかったので、復興は難しかったのです。しかし、清水寺が立ち直れないようでは京都にとって支障があるという意味合いがあったのでしょうか、初代京都市長になりました内貴《ないき》甚三郎《じんざぶろう》さんが信徒総代になり、陣頭指揮をとって本堂の修復やら境内の整備やら形の上での清水寺を整えていったのです。石段もそうですし、石の玉垣もそうですし、石敷きもそうですし、あるいは南苑の参詣道なども造っていきました。山内の小さな諸院を整理して、新しい形の清水寺を模索して行きました。子安塔《こやすのとう》はそれまで門前にありましたが、本堂の向かいの丘の上、阿弥陀《あみだ》ケ峰《みね》の手前に移しました。山の緑の中に美しい赤い塔を置いて景観をうまい具合に整えたのです。

咲き誇る清水寺仁王門前の老紅梅
（平成31年）

この時にいろいろな植樹も行われました。「ツバキの寺にしよう」という案もあったようです。実際、ツバキが境内にたくさんありました。いまの防災道路を上がったところにもあったのですが、道路をつくるために伐られました。円通殿の裏や成就院《じょうじゅいん》の周り、地主《じしゅ》神社の付近、南苑などにツバキの古木が現在も残っています。桜、モミジ、そして梅も植えたのです。多くは枯れてなくなりましたが、仁王門前の古木は残って具合よく門前を彩ります。樹齢は百五十年でありますけれども、花は凛として素晴らしい。人は六十歳、七十歳、八十歳と年を重ねますとシワも増えて衰えていきますが、紅梅の花は実に若々しい。樹齢百五十年になるからといってシワくちゃの花が咲くわけではありません。皆さん、一度よく見てください。老紅梅のどこにもシワくちゃの花は咲いていません。皆みずみずしい。そのような梅を見て私もこうありたい。人もこのようでないといけません。それにはものの考え方、感じ方が若々しくなくてはいけません。つまり心の問題ではないかと思うのです。

世界の王貞治さんの年賀状

私は大西良慶和上の晩年の弟子であります。清水寺が奈良の興福寺から分かれて独立したのは昭和四十年（一九六五）のことであります。良慶和上九十歳、私は二十五歳の時です。清水寺は千二百年の歴史があり、奈良の影響を受けずに、京都の地でまた独自な寺院の働きをもって、社会貢献ができるのではないかと考えて離れたわけであります。観音信仰による仏法興隆を第一に掲げました。それから和上は平和運動に熱心に取り組んでおられました。当時、ベトナム戦争が悲惨な状況にありました。あるいは社会福祉に力を入れたいと考えておられました。いまも清水寺と密接な関係があります老人ホームに同和園があります。あるいは国際貢献や国際交流を図りたいと願っておりました。私たち弟子は良慶和上の九十歳、百歳というような年代に接してきたわけでありますが、和上のどの働きも実に若々しい。

　現在、良慶和上の書がたくさん残っています。見ますと「これが九十歳の字か」という書がもう数えきれないくらいあります。詠んでいる和歌も溌溂《はつらつ》としています。これ皆、和上の若々しい気持ちから生まれてきたのです。「これくらいのことで、へこたれてはあいならん」という気力です。和上は明治・大正・昭和と戦争に次ぐ戦争という大変な時代を経験してこられて「へこたれてはならん」という気持ちが非常に強かったのです。

　平成最後の年、当時福島県磐梯《ばんだい》町の町長をしておられました五十嵐源市さんが訪ねてこられ「気力」という書を三枚書いてほしいと頼まれました。一枚は自分の部屋に飾っておき、一枚は福島県知事に、残る一枚はプロ野球の王貞治さんに贈るのだといいます。それで書いて送りましたら、王さんから礼状が届きました。王さんは私と同じ昭和十五年の生まれですから、書を贈られた時、七十八歳です。翌年正月に王さんから年賀状が来ました。こう書いてあるのです。「さらなる上を目指します」と。王さんはご存じのように通算本塁打で世界記録を打ち立てた「世界の王」です。その王さんがさらなる上を目指すというのです。「もうどこまで行くのかわからん」と舌を巻きました。「この人は気というものをしっかり持っている人だな」と思いました。

気力が出てくるのは人間の心からであります。その人間の心について、インドに行って直接勉強し中国に伝えたのが玄奘《げんじょう》三蔵法師であります。中国の唐時代の高僧です。皆さんは『西遊記』でご存じだと思います。玄奘三蔵はその当時学んでいた仏教学に疑問を感じ、インドに行こうとしますが、唐の時代は国外旅行が国禁だったのです。そこで密かに単独で玉門関を出て天山南路《てんしゃんなんろ》を通り中インドにいきました。さながら孫悟空が大活躍する『西遊記』のような求法の大旅行をするわけです。夏目雅子さんが三蔵法師をやりましたね。きれいでした。美人薄命と申しますが、惜しいことに早く亡くなりました。三蔵法師の三蔵とは仏教の聖典を三つに分け経蔵・律蔵・論蔵というのですが、その三つ全部に精通している高僧をいうのです。ですから玄奘三蔵だけが三蔵というわけではありません。玄奘三蔵はこのようにして中インドで人の心のありようを説く唯識《ゆいしき》を特に学んで帰ってきます。それが清水寺の宗旨になっています。
この唯識をやさしく説こうというので良慶和上が「心の講座」として始めたのが今日も続いています仏教文化講座であります。清水寺が興福寺から分かれた時からですから、もう半世紀を超えます。玄奘三蔵は三月五日が御命日でありまして、清水寺ではそのころの仏教文化講座の時に三蔵法師の絵像を掲げ、お参りの皆さんと玄奘三蔵会を営んでおります。といっても御命日の三月五日は旧暦ですから、今日では四月下旬になります。

如月、きさらぎの意味

旧暦二月ですと、早春ではあるが、まだ寒い。二月は如月と書いて「きさらぎ」と読みます。西行法師の有名な和歌があります。

　願《ねが》はくは花の下《した》にて春死なむ
　　その如月《きさらぎ》の望月《もちづき》のころ

旧暦は太陽暦と違って年によって季節がずれたりしますから、二月十五日、お釈迦さまの涅《ね》槃《はん》の日に桜の花が咲いたりしたのです。それにしても如月をどうして「きさらぎ」と読むのでしょう。実をいいますと二月の異称に「衣更着」というのがあり、寒くて「衣更《きぬさら》に着《き》る」、それで二月が「衣更着《きさらき》」となったというのです。それでは如月がどうして二月になるのでしょうか。ちょっと調べてもらいましたところ、中国の古い辞書の『爾雅《じが》』に天文や気候のことを説明したところに「二月を如と為《な》す」と書いてあるのです。それではなぜ「如」が二月かといいますと、清の時代の郝懿行《かくいこう》という学者が「如とは随従の義だ」と解き明かして、万物が相従って次々と出てくるから二月を「如」といい、如月とするといいます。確かに大地から気が相従って湧き上がり芽を吹く季節です。陽気がさらに盛り上がって来る時節だから「きさらぎ」は陽気が更に来る「気更来」に由来するとか、陽気の息《いき》が更に来る「息更来」によるとか、いろいろに言われます。旧暦の二月は冬ではなくて、もう春なのです。正月に春が来て、二月に更に春がくるから「来更来」だともいいます。ですから下から陽気が盛り上がって土が緩んできます。こんな高浜虚子《きょし》の句があります。

　鉛筆を落とせば立ちぬ春の土

自然の陽気が働くことによって、さまざまな物が外に現れてきます。同じように人間の気が、つまり人間の心が働くことによって物事が現れてきます。「気」の付く言葉はたくさんあります。「気張る」「気合い」「気構え」「気前」「気立て」、みな心が働いて心の相が外に現れてくる様子を言っています。相というのは姿です。どういうところに心の相が現れてくるかといいますと、われわれの五官です。仏教では五根《ごこん》といって、眼《げん》・耳《に》・鼻《び》・舌《ぜっ》・身《しん》であります。その中で一番先に働くのは眼《め》だそうです。頭の中には無数の神経がありますが、心が働く時、真っ先に眼の神経が働き眼に現れるそうです。「怖い」と思ったら、パッと眼に恐怖の色が出てきます。「あの人が好きや」と思ったら、もう眼がハートになっています。眼は口ほどにものを言うといいます。眼は正直です。顔は怒っていても、眼がやさしく笑っているのを感じて「ああ、この人、私を導こうとしてくれているんや」と有り難い気持ちになります。

美しい心が美しく見る

与謝野晶子の有名な歌があります。

清水へ祇園をよぎり桜月夜
こよひ逢ふ人みなうつくしき

晶子は夜桜見物の人はみな美しいといっているのかというと、そうではありません。晶子は美しい夜桜をめでて心が美しい桜でいっぱいになり、見るものすべてが美しいと詠んだのです。美しい心が先に働いています。

五官の二番目は耳。隣の部屋で話している人の話が聞こえたり聞こえなかったりします。どうでもいいことは聞こえません。私のことを噂《うわさ》しているのではないかと気になったら話が聞こえてきます。気が働くからです。「うちのおじいちゃん、えらい耳が遠くなったな」といいますが、実際は聞こえているのです。気が働いていないだけです。

それから鼻。先ほどは紅梅のいい香りの話をしました。それは「梅が香」を知っていて、いい香りだと好んでいるからです。心が働かないと、何も感じないで通り過ぎて行きます。梅の香りはいい香りだという心があるから、いい香りがしてくるのです。われわれ日本人はご飯が炊きあがった時の匂いを「ああ、いい匂いや」と思いますが、ご飯を食べない外国の人は臭いだけです。マツタケも八百屋さんに並んでいると、思わず手に取って香りを楽しみます。なんともいえないいい香りです。ところがヨーロッパの人は「嫌な匂い。臭い」と言います。

五官の舌もそうです。私はよく静岡県沼津市に行きます。親しくしている知人がつくっている団体があるからです。お酒が大好きな人たちが集まっています。それで行く時に滋賀県名産のフナずしを土産に持って行きます。フナずしは好きな人と嫌いな人が極端に分かれます。嫌いな人は「こんな臭いもの、食べられん」と顔をそむけます。ところがクサヤはうまいと言うのです。私に言わせると「クサヤの匂いはたまらん。その点、フナずしの匂いは上品や」となります。フナずしは美味い、いい匂いという私の心が先に働いているのです。

五官の身は、体の行いです。行動も心から出てくるものです。若いころ、書の先生について勉強していましたが、良慶和上が「どうや、清範、字はうまくなったか」と聞かれました。「いやあ、方丈さん、何遍やってもあきません」と答えますと、師匠の顔が急にけわしくなって「何を言うてるのや。一字書いたら、一字分は手の中に入るのや」と教えられました。良慶和上のような書画の天才が、一字書いたら一字分が手に入り、その積み重ねによって書の上達はあるとおっしゃっているのです。小僧のころから、良慶和上は大変な才能の持ち主だと思っていましたが、そうではなくて一字一字学ぶことから始まり、一つ一つの精進の積み重ねの結果です。それが書画の行いとして出てくるのです。精進とはそういうものです。ですから、いまでも字を書く前は必ず一回、二回手習いをします。字引を引いて間違いないか確認をしてから清書します。心に字がなければ、書く行いは出てきません。

眼・耳・鼻・舌・身の五官に、もう一つ意を加えて仏教では六根《ろっこん》といいます。六根清浄《しょうじょう》の六根です。意とは気持ちです。心であります。例えば、この人に何とかしてあげたいという気持ちが行いとなって現れてきます。「あの人のために何とかならないかな」という心が、その人に対する行いとして出てきます。

良慶和上はこんな風なことを言っています。

「好きなものは良う見えて、嫌いなものは悪う見える。それが、勝手に見てるだけで、ものに関係あらへん。それが『相《そう》』と『性《しょう》』とに分かれる。『相』は何にも無いけれども、そういう心を持ったら、その相が、そこへ出てきよる」

つまり相は心から出てくる、だからもともと相というものがあるのではなくて、人の心が形をつくっていくと言っているのです。例えば、信心がそうです。信心という心から信心の姿が形作られていきます。仏さんの姿は信心の形なのです。心の形なのです。

信心が仏像を仏さんにする

京都の先斗町に「ますだ」という居酒屋があります。その店の女将《おかみ》さんに「おたかさん」という方がおられました。有名な女将さんで、学者や文化人、新聞記者などが慕って、よく通っていました。行きますと「おたかさん」に背中を思いっきり力いっぱいにたたかれました。それが名物だったのです。その「おたかさん」は毎朝七時に清水寺にカタカタ下駄の音を鳴らしてお参りに来ました。良慶和上の信者だったのですが、それにしても夜遅くまで仕事をしていて必ず朝参りを続けていました。信心の心が姿となって現れていたのです。

静岡県の伊豆半島の付け根に函南《かんなみ》町という山あいの町があります。箱根の麓の町です。その町の桑原地区は「仏の里」と呼ばれています。昔は七堂伽藍《がらん》を備えた大きな寺があったのですが、時代とともに寺は失われて仏像だけが残りました。それから伊豆は源頼朝が平家打倒、源氏再興の兵を挙げた地で、北条氏ゆかりの御堂もあったのですが、これまた仏像だけが残されました。薬師如来や、阿弥陀如来と両脇士、十二神将なんかの仏像です。とても山間地の小さな地区ではお目にかかれそうもない素晴らしい仏像です。特に阿弥陀如来は鎌倉時代の慶派《けいは》の仏師が造った仏像です。作者も実慶の作とわかっています。どうしてわかったかといいますと、イギリスの大英博物館で「日本の鎌倉時代展」が開かれ阿弥陀如来像を持って行くことになったのですが、仏像を大切に守り伝えてきた桑原地区の人たちは「ホコリまみれでは申し訳ない」と川に運びタワシでもって洗ったそうです。そして、いよいよ運ぶ時に調べたら「大仏師実慶」と書いてあったのです。文化庁はビックリして帰ってくるとすぐに国指定重要文化財にしました。

　これがきっかけで地区の人たちの意識も変わってきました。「もう仏像を川で洗ったりなんかしたらあかん」というわけです。そして、大切な仏像は町が保護管理した方がいいということになり、町が立派な美術館を建てて収蔵し、ちょっとしたホールも設けました。いまでは珍しい美術館として見学の人たちがたくさん訪れて賑わっています。

その函南町が平成二十六年に町制施行五十周年を迎え記念の講演会を開いた時、私が講師に招かれました。町長から「是非とも美術館を見てほしい」と誘われましたので「かんなみ仏の里美術館」を見学しました。訪ねて驚きました。山並みが取り囲む中に建つ小さな美術館ですが、八百年も九百年も歴史のある素晴らしい仏像が「仏の里」と呼ぶにふさわしい姿で安置されていました。よくぞ朽ちさせることなく守り伝えてきたものだと感心しました。桑原地区の人たちの信心が仏像を保ってきたのです。信心が仏像を仏さんとして生き続けさせてきたのです。

美術館の近所にあります寺院の和尚さんたちも集まってきましたので聞きました。「こんな立派な仏さんだが、皆さんはお参りをしていますか」と。すると「していない」という返事です。「もったいない。年に一回でも仏像供養してはどうか」と話しました。

京都国立博物館では年一度、東山にある博物館近隣の寺々の和尚さんが出仕して仏像供養を営んでいます。昭和九年（一九三四）に良慶和上が発案し始まったものです。博物館や美術館に陳列されている仏像は見物の対象です。仏像は花を供え香をたいて拝んでこそ仏さんになります。見物される仏像は本来の仏像の姿ではありません。信心が仏像を仏さんにするのです。

歴史や伝統文化も同じことです。単に時間と物事の羅列が歴史ではない。そこに人々の息吹を吹き込んでこそ歴史に輝きが生まれ、人々の生き生きとした姿が見えてきます。伝統文化の形を受け継ぐだけでは伝統文化とはいえません。その時々に自分の心を注ぎこんで形を作っていってこそ伝統文化の輝きが生まれてきます。

よい心がよい仕事をする

仏教の基礎的な学問に『倶舎論《くしゃろん》』というのがあります。玄奘三蔵法師もインドで学んできて漢文に翻訳しました。なかなか難しいことが書いてあるのですが、その中に「六窓《ろくそう》一猿《いちえん》」の教えがあります。大変わかりやすい例えです。六窓、つまり建物に六つの窓が開いているというのです。それぞれの窓に一匹の猿が顔をのぞかせています。とすると猿は六匹いるのかといいますと、そうではなくて一匹の猿が六つの窓に顔を出しているのだというのです。六窓とは、先ほど出てきた眼・耳・鼻・舌・身・意の六根です。そこに現れてくる姿はさまざまですが、現れているのは心。つまり心が眼・耳・鼻・舌・身・意に顔を出しているというのです。この心を仏教では心識《しんしき》と呼んでいます。

京都の新京極に誓願寺という有名な寺があります。江戸時代、ここに安楽庵《あんらくあん》策伝《さくでん》という和尚さんがおられました。面白い説教をするお坊さんでして、落語の元祖といわれております。その安楽庵策伝がたくさんの笑い話を集めて本にしていますが、なかにこんな話があります。

人に食いつく犬を飼っている家がありました。「そんな怖いところにはよう行かん。困ったなあ」とある人が悩んで相談に来ました。そこでお坊さんが「良い方法がある。虎と手のひらに書いて犬に見せたら、犬はかみつかん」と教えました。良いことを聞いたというわけで、ある人は手のひらに虎と書いて犬の前に行き、手のひらを開きました。すると、犬はガブッと食いつきました。「何の効き目もなかったやないか」とある人はお坊さんに恨みごとを言いました。お坊さんは答えたそうです。「その犬は読み書きできん犬やったんや。虎の字が読めんかったんや」と。

犬の心にはお仕えするご主人様とそれ以外のかみついて追っ払う人しかいないのです。犬の心に虎はいません。「猫に小判」といいます。猫の前に小判と焼き魚を置いたら、きっと焼き魚をくわえて逃げて行きます。猫の心に小判はありません。相は心にあるものが出てきます。心にあるものを見ていますし、聞いていますし、感じています。心から相が現れてきますから、良い仕事をしようと思えば、良い心にならなければなりません。良い心が良い仕事をします。憎い人がいるのではない。憎たらしいと思う心が憎い人をつくるのです。好きな人がいるのではない。好きと思う心が好きな人をつくるのです。

京都・嵐山の天龍寺に橋本峨山《がざん》という禅僧がおりました。幕末に焼けた天龍寺の再建に力を尽くした偉い禅僧です。その峨山禅師のもとに落語家の三遊亭円朝が坐禅をしにいったという話があるそうです。円朝はご存じのように長編人情噺《にんじょうばなし》で人気を博し三遊派を再興した名人です。

禅宗の修行道場では、ただ坐禅するだけではありません。師匠から問題が出されます。公案《こうあん》といいます。師匠と弟子が一対一で向き合い問答します。「狗子《くし》に還《かえ》って仏性《ぶっしょう》有《あ》りや也《ま》た無《な》しや。曰《いわ》く、無《む》――犬にはまた仏性があるか、ないか。無いと言った」これはどういう意味だといった調子です。

円朝も峨山師匠の部屋に入って対面しました。「円朝」と峨山が呼びます。「はい」と円朝は返事しますと、すかさず「わかったか」と峨山が問いかけたそうです。「何のことですか」と円朝が聞きますと「あかん。もう一遍」と峨山は円朝を追い出し坐禅に向かわせました。しばらくして、また峨山の部屋に入り対面します。「円朝」と呼ぶので「はい」と答えるや「わかったか」と問われます。やはり何のことかわかりません。また坐禅をして同じことを繰り返すのです。何回もやっているうちに「円朝」「はい」「わかったか」と問われましたので「わかりました」と円朝は答えました。すると峨山師匠は「それでよい」と円朝を許したという話です。

何がわかったのかといいますと、円朝が「はい」と言ったのではないということです。「はい」という返事そのものが円朝であるのです。例えば、陶芸作品をつくったとします。私が作品をつくるのではなく、作品そのものが私であります。私の心そのものが現れているのです。これが「六窓一猿」の教えであります。みな心識が現れています。ですから心識の方向をちょっと変えることによって、見ている世界も感じている世界も生きている世界も変わってきます。

心が変わると姿が変わる

学校の先生を長く勤めた東《とう》井《い》義《よし》雄《お》さんが奈良の小学校であった話を紹介しています。野村康次郎という人が書いた詩を気に入り、本に書いたところ、奈良の小学校の先生もその詩が好きになり、墨で大きく書き写し額に入れて教室に掲げていたそうです。それはこんな詩です。

雨は
ウンコの上にもおちなければなりません
イヤだといっても
ダメなのです

だれも
かわってくれないのです

その小学校のクラスにN君という荒れた子がいました。荒れるのも無理のない理由があったのです。お父さんがお母さんとN君と弟を家から追い出したために、仕方なく三人で暮らしていたのですが、お母さんが交通事故で亡くなってしまいました。N君はおじいちゃんとおばあちゃんの家に、弟は施設に預けられました。不幸はさらに続き、おばあちゃんが病気で入院し、おじいちゃんはショックで亡くなってしまいました。N君は嫌々お父さんのもとに引き取られたのですが、面白くない毎日で、荒れた子になってしまったのです。

教室の「ウンコ」の詩を見てもせせら笑っていたそうです。ところが、だんだん担任の先生の人柄に引かれるようになり、ある日、N君はハッと気が付きました。「ウンコは自分が出合ってきた嫌なことではないのか。すると雨は自分ということになる。雨は真っすぐウンコの上に落ちているのに、自分は嫌なことを憎み、やけを起こしてきた」とわかったのです。それからN君は嫌なことにも真っすぐ向かっていき、いつしか苦手だった算数までが面白くなっていました。

心がハッとして変わったのです。心が変わると姿が変わります。心識が変わると六つの窓に現れていた相が変わるのです。見えている相も感じている相も聞こえている相も変わります。これまた「六窓一猿」の教えです。このハッと気付くというのは唯識でいえば、真理の道理を悟る「観」ということであります。玄奘三蔵法師が七世紀、遠くインドにまで行って唯識を学んで帰り、その教えが日本に伝わり、今も清水寺に千二百年を超えて脈々と伝灯する教学となっているのであります。

コロナ禍の中で

つぎ逢う時は君という字に

令和二年、世の中一変

令和二年は大変な年になってしまいました。四月から世の中、あらゆる行事や催しが中止や延期となりました。清水寺で開いています朝講座も音羽会も洛陽六阿弥陀詣りも、それから出掛けて定例で催しています心の講座も名古屋音羽の会も、みな法話会がお休みとなりました。新型コロナウイルス感染拡大のために、なんだか世の中が一遍に変わったような気がいたします。

人間は社会的な動物です。人と人とがふれあい、うまい具合に組織を組み立てていって、よりよく生きる文化や文明をつくってきました。そのふれあいを遮断《しゃだん》せよというのは厳しいものがあります。

自粛ムードが緩められて、法話会がそろそろ再開しましたのが七月ごろでありました。梅雨の長い年でしたが、もうそろそろ明けてほしいなと思っておりました七月二十六日に心の講座が開かれましたので、久しぶりに京都の中心部に出掛けてまいりました。第四日曜が開講日と決めておりますので、たまたま七月二十六日になったのですが、なんと「幽霊の日」に当たっておりました。このような記念日があるとは知りませんでした。何でも江戸時代の文政八年（一八二五）七月二十六日に江戸の中村座という芝居小屋で四代目鶴屋《つるや》南北《なんぼく》がつくりました『東海道四谷怪談』が初めて演じられたのだそうです。あのお岩さんと伊右衛門のゾッとする怖い話です。

　昔は幽霊が出るという話をよく聞きました。薄暗い川端の枝垂《しだ》れ柳がフッと揺れたりしますと、出たと思って一目散に逃げたものです。最近は余り話題になりませんが、朝日新聞に「幽霊はいると思うか、いないと思うか」を調べたアンケートの話が出ておりました。「いる」と答えた人は四九パーセントありました。半数の人は信じているのです。「なぜいると思うか」と尋ねますと、「いないと証明できないから」という回答です。なるほどそれも理屈だなと感心しました。

　とにかく幽霊は蒸し蒸し暑い夏の季節によく出てきます。もう一つ、そのころに清水寺によく出て来るのが虫です。清水寺は山にありますから、セミが盛んに鳴きます。クマゼミ、ミンミンゼミ、ヒグラシといろいろいます。夜にはカブトムシやコガネムシが飛んできます。ちょっと困るのがムカデ（百足）です。自坊では「ムーちゃん」と呼んでいます。かつて長い間住んだことがあります塔頭《たっちゅう》の泰産寺《たいさんじ》は殊によく出ます。集めますと佃煮《つくだに》ができそうなくらいになります。寺務所があります大講堂は鉄筋コンクリートの地下二階、地上二階の四階建てですが、この前、エレベーターに乗りましたら、ムーちゃんが先に乗っています。「ずぼらなムーちゃんやな。お前は足が百本もあるやないか。歩け」と言ったのですが、エレベーターを降りません。虫という言葉は蒸し蒸し暑いの「蒸し」からきています。大槻文彦《おおつきふみひこ》先生の『大言海《だいげんかい》』に虫は「蒸《むし》の義、湿熱の気蒸して生ず」とあり、湿気と暑さに虫が盛んにわいてくるところが語源だと書いてあります。

サナダムシ駆除薬に脚光が

同じ虫でも寄生虫は蒸し暑い夏に特にわいてくるわけではありません。年配の人は経験があると思いますが、昔はおなかに虫がわいたらいけないといって、学校で虫下《むしくだ》しをよく飲まされました。不衛生でしたから人体に寄生虫がおったのです。東京に目黒寄生虫館という研究博物館があるそうですが、東京の知人に聞きましたら、確かに寄生虫専門の博物館があるといいます。そこの二階に何と八・八メートルもあるサナダムシが展示されているという話です。このサナダムシを宿していたのは男の人だったそうですが、腹痛も違和感も全くなくて、仲良く共生していたらしいのです。何とも驚きです。

ところで、このサナダムシがにわかに話題になっているといいます。サナダムシそのものではなくて、駆除する薬が新型コロナウイルスに効くのではないかと脚光を浴びているのです。すでに皆さんも新聞やインターネットで見たかもしれませんが、京都大学の先生らがスーパーコンピューター「富岳《ふがく》」を使って、これまでにある二〇〇〇以上の医薬品の中から新型コロナの治療薬候補を計算で探し出すのに成功しました。そこにサナダムシ駆除薬が入っていたのです。「富岳」といいましたら、最新鋭のスーパーコンピューターです。計算速度が世界一になったとニュースになりました。かつて民主党政権の時、スーパーコンピューター「京《けい》」をつくる予算をめぐって蓮舫議員が「世界一になる理由は何があるんでしょうか。二位じゃダメなんでしょうか」と言って科学者たちをがっかりさせ、有名になりました。それでも「京」は一時、世界一の計算速度を誇るスーパーコンピューターになりました。最新鋭の「富岳」は「京」の次のスーパーコンピューターです。「京」では難しかったウイルスのたんぱく質にくっつく薬剤をより分けて、どれくらいうまくくっつくか計算したのです。言ってみたら極めて複雑なパズルを解くように、ウイルスのたんぱく質の突起にピタッとはまる一片を見つけ出した感じです。より分けるのにこれまで一年も二年もかかっていたのに、たった十日で成し遂げたそうです。えらいものです。

ウイルスを撲滅することはできませんから、新型コロナにかかってもウイルスが増えないような、あるいは重病にならないような特効薬ができないことにはコロナ禍も収まりません。またウイルスに感染しないようなワクチンができないことには安心はできません。要するに新型コロナウイルスとうまく折り合える対処法が見つかるまで、生活の仕方をチャンと整え続けないといけません。こういうわけで世界では治療薬とワクチンをつくるために躍起になっております。やれアメリカがワクチン開発に百万ドル出して発破《はっぱ》かけているとか、やれ日本が外国の製薬会社から何億回分のワクチンをもらう約束をしたとか、いろいろなニュースが流れました。このように各国がバラバラに対応するのではなくて、ＷＨＯが音頭を取って、全世界の資金を集め、科学者の知恵を結集して治療薬とワクチンの開発をすればよいのです。そして富める国も貧しい国も等しく配布すればよいと思います。しかし、近年はとかく自国中心の世界になっているのが嘆かわしい限りです。

離れて暮らすコロナの歌

生活の仕方として「三密は避けなさい」と言われました。密閉・密集・密接の三つの「密」です。とにかく「濃厚接触したらあかん」というのです。要するに新型コロナウイルスが移らないように離れていなさいということです。

しばらくは離れて暮らすコとロとナ
つぎ逢ふ時は君といふ字に

誰が詠んだのか知りませんが、こんな歌がありました。作った人はなかなか面白い人です。よく考えたものです。「君」という字をバラバラにすると「コ・ロ・ナ」になります。逢いたくても直接逢わない、接触すると伝染しやすいわけです。

と言っても人間は社会的な動物でありますから、人々が集まり接触して成り立っている文化があります。演劇もそうですし映画もそうです。いまは家にいて演劇や映画が見られますが、直接、ともに呼吸し、あるいは大画面で見た時の感動ははるかに大きいものがあります。劇場も映画館も苦しんでいます。お化け屋敷も困っています。お化けは出て接触してよいものやらどうやら、困惑しています。

先ほども述べましたように清水寺で開いていました法話会も三カ月間お休みとなってしまいました。出掛けて行って開催しておりました定例の法話会も中止でした。平成三十年に全国日本学士会のアカデミア賞をいただきました時に、学士会の会誌に業績を報告する必要がありましたので調べてもらいました。そうしましたら年間二百回ぐらい法話をしているというのです。

朝講座だとか音羽会だとかの定例法話会だけでなく、各地に呼ばれて講話会や講演会で話したり、清水寺に参拝してきたグループを迎え、ちょっと法話をしたり、新聞やテレビのインタビューに答えて話したりとか、全部拾っていくと、それくらいになるのだそうです。自分でも驚きましたが、それが全部なくなってしまいました。

「暇でゴロゴロできて結構やないか」と羨《うらや》ましく思われそうですが、何と血圧が高くなってしまいました。「どうしてこのようなことになるのか」と主治医の先生に診てもらいましたら、「アー、それはコロナ禍です」と言われました。生活のリズムが狂うと体調がついていかないそうです。「よし、せっかくできた空白の時間や。やることはたくさんある」というので始めました。先延ばしにしていたお経を写し、読み残しの本を読んでいきました。

空白の時間を有効に使う

読んだ本の中にペストの話が出てきました。ペストは別名、黒死病《こくしびょう》と呼ばれて恐れられてきました。世界各地で何度も流行を繰り返してきましたが、一六六五年にはイギリスのロンドンで大流行が発生しました。清水寺が江戸時代の大火から復興した寛永十年（一六三三）とあまり変わらない時代です。十万人近いロンドン市民がペストで死んだそうです。富裕層はロンドンを脱け出し避難しました。大学は閉鎖となり、ケンブリッジ大学で勉強していたニュートンも生まれ故郷のウールソープに疎開しました。そこであの有名な万有引力の法則を見つける発端をつかんだのです。皆さんも子どものころに聞いたことがあると思いますが、リンゴが落ちるのを見て地球に引力があると発見したという話です。普通の人ならリンゴが腐ったから落ちたとしか考えなかったのにニュートンは違いました。偉いものです。その発見はペスト流行から疎開した空白の時間をうまく使っていたと本に書いてありました。

読みかけて放置していた本も読みました。大杉栄《おおすぎさかえ》というアナーキスト、つまり無政府主義者がいました。明治から大正にかけて過激な運動を行った思想家ですが、その人の著書に『獄中記』という本があります。当時は思想犯が厳しく取り締まられた時代ですから、何度もつかまって監獄に入れられました。入れられてどうしているかといいますと、「元来僕は一犯一語という原則を立てていた」と書いています。一回つかまったら、獄中で一つの言語を覚えたといいます。最初の時はエスペラントをやったそうです。次に巣鴨《すがも》監獄に入った時はイタリア語、二度目の巣鴨監獄ではドイツ語という具合です。三カ月でほぼ初歩を終えて、六カ月たつと辞書なしで読めるようになりました。語学が堪能であったのです。そればかりではありません。以前から社会学を専門的に勉強したいと考えていましたから、これを本物にしようと始めました。社会を知るために生物学も人類学もやりたいと考え、あの本もこの本も看守の目を盗んで読みたいと言っています。時間が足りなくて刑期をあと半年増やしてもらえないものかと真剣に考えています。刑期を減らしてほしいという人はたくさんいますが、増やしてほしいという人は聞いたことがありません。大したものです。空白の時間を実に有効に使っていることを知りました。

日本人は律儀な国民

三密の一つ、密接はいけないといわれますが、挨拶《あいさつ》するにも日本人はよい習慣を持っています。互いに一メートルぐらいは離れてお辞儀をします。西洋人のように握手し、抱き合って、時には頬《ほお》をくっつけ合って、キスまでするというようなことはしません。最近はちょっと変わってきましたが、ともかく日本人は昔から三密の一つを避けるよう励行していたわけです。

ところが一ついけないのがあります。返杯です。最近は乾杯だけで終わっていますが、少し前までは盛んに返杯をしました。かつて講演会の講師に招かれ、執事長と九州の田舎の方に行きました。講演会が終わって町主催の歓迎会になったのですが、町長はじめ教育長、校長、郵便局長、農協組合長と長のつく人ばかりが集まってきて、杯を持って挨拶にやってきます。これを全部受けていたら大変なことになりますから、さすがに責任者に言って遠慮させてもらいましたが、主だった人の杯は断り切れません。パッと飲んで杯が返ってきます。見ると杯に料理の豆腐が浮いているのです。酒が入るにつれて声がどんどん大きくなり、口の中のものが料理の上に飛んできます。考えてみたら汚いものです。

マスクも日本人はほぼ全員がきちんと着けています。欧米では着ける習慣がありませんから、トランプ米前大統領もマスクをせずに演壇に上がっていました。国によってはマスク着用を義務化して、着けていないと罰金を科しています。令和二年の緊急事態宣言の際は、自粛をお願いしますと言われただけで、日本人は不要不急の外出を見事にやめました。日本人というのはまことに律儀な国民だとつくづく思いました。

どうしてこのように律儀であるのでしょうか。日本人には「私」と「あなた」という関係とは別に第三者が存在するのです。「世間」というものです。その意識が日本人にしみ込んでいるのではないかと思います。

太平洋戦争が進行しておりました時にアメリカは日本についての研究を盛んに行っておりましたが、それを基に戦後すぐに文化人類学者のルース・ベネディクトが『菊と刀』という本を発表しました。大変有名になりましたから、皆さんも本のタイトルぐらいは耳にしたと思います。欧米の人はキリスト教文化の中で心の中の良心や宗教上の掟《おきて》に基づいて行動する「罪の文化」であるのに対して、日本人は人前で失態を演じて笑いものにならないように義理や恩義を大切にして振る舞う「恥の文化」であると分析しました。確かに日本人は「そんなことをしたら世間に顔向けがならん」と言ったりします。ただ、世間体ばかりを気にしているわけではありません。世間にとっても良いように、みんなが和やかに世の中がうまくいくようにという願いがあります。

日本の代表的な文化人として明治・大正時代に活躍しました人に新渡戸《にとべ》稲造《いなぞう》がおります。アメリカに渡って勉強し、教育者、農業経済学者になりました。結婚もアメリカ人としました。メアリー・エルキントンといいましたが、結婚して新渡戸万里子と名乗ったそうです。貧しい子どもたちのために私財を投じて学校をつくり、夫の稲造が先に亡くなりますと、第二代校長に就いていています。このメアリーさんがある時、夫の稲造先生に質問しました。「日本人は悪いことをしていないのに、なぜ先に謝るのですか」と。そういわれれば、人の家に行った時も「ごめんやっしゃ」といいますし、物を買う時も「すみません。これください」と真っ先に言います。これには稲造先生も答えに窮したそうです。とにかく日本人はわが身を一歩引き、世間を先に立てて和やかに事がうまく運ぶように気を遣っているのです。

世間が見ているという思い

大西良慶和上の信者に近江商人の呉服屋松井久左衛門さんがおりましたが、近江商人は「三方よし」を信条にしています。「売り手よし、買い手よし、世間よし」と言って、商売は売る商人にとっても利益があり、買う消費者にとっても利益があるというだけではだめで、世の中全体のためにもなるものでなければいけないのです。売り手と買い手と、それともう一つ別の第三者です。それが世間です。世間とは何かといわれると説明するのは難しい。

世間とはいま生きているこの世の人間だけをいうのではないと思います。亡くなった親兄弟や先祖も含まれていて、そういう人たちの利益にもならなければなりません。クマやタヌキの動物、それからいろいろな植物、生きとし生けるもののためにならなければなりません。さらにいえば神や仏も含まれると思います。そのようなすべてのものに畏敬の念を持って、すべてのものとうまくいくように日本人は願ってきたのではないでしょうか。

平成十九年（二〇〇七）の「今年の漢字」に「偽」が選ばれました。身近な名物菓子や有名料理店の偽《いつわ》りから、政治と金のごまかしや年金記録の誤りまでが次々と見つかった年でした。人《ひと》の為《ため》と書いて、どうして偽りになるのでしょうか。どうやら人の為《な》すことは偽りが多いというのでしょう。日本人も変わってきたということでしょうか。この「偽」という字を書きました時に京都に住んでおります作家の瀬戸内寂聴《じゃくちょう》先生が早速新聞のコラムに書いておりました。「毎年清水寺の貫主が清水寺の舞台で墨痕鮮やかに染筆することになっている」「一気に『偽』と書き上げた森清範貫主は、『こんな字が選ばれることは恥ずかしい』と怒りをあらわにされた」とあります。それほど怒ったわけではないのですが、昔はよく「嘘《うそ》ついたら閻魔《えんま》さんに舌を抜かれるぞ」と言われ、人に知られなくとも身を引き締めていたものです。というのも世間が見ているという意識があったからです。

先ほども言いましたようにマスク一つとっても、日本人はキチンと着けて仕事にも買い物にも出掛けて行きます。私がウイルスに感染しないように、同時に相手に感染させないようにというだけではありません。世間全体に感染をひろげないようにという思いがあるからです。そこには仏教の慈悲の心があるように思います。

観音さまの大慈大悲心

京都府で初めて新型コロナウイルス感染者が出ましたのは令和二年一月三十日でありましたが、それよりずっと以前に中国では湖北省武漢を中心に大変なひろがりを見せており、二月に入っても苦しい状況にあるということでした。

中国には仏教寺院などが寄り集まってつくっている政府公認の中国仏教協会があるのですが、戦後間もなくに協会が設立された時に秘書長に就任し、後には副会長も兼務し、さらには会長を二十年間も務めた偉大な方に趙樸初《ちょうぼくしょ》先生がおられます。この方と清水寺の良慶和上とは世界宗教者平和会議が昭和三十六年（一九六一）に京都で開かれた時から親交があります。日中国交正常化以前の話です。ある時などは訪日友好代表団長で訪れた趙先生を百歳を超えた良慶和上が京都駅まで出迎えたくらいです。それから日中友好仏教協会という組織もできており、両国は親しくしております。そうしたわけで二月下旬に中国仏教協会を通じて中国の人たちに激励の言葉を贈ろうということになりました。私は「不撓不屈《ふとうふくつ》」としたためました。「撓」は「たわむ」「曲がる」「屈服する」の意味で、どんな困難にもくじけないようにとの思いを込めました。

　そうしましたら、三月に入ってから中国と湖北省の仏教協会から大変丁寧な礼状が届きました。そのころになりますと日本でも感染症が流行ってきましたのでマスク不足になりました。すると今度は中国仏教協会からマスク一万枚が贈られてきました。私のところは少々備蓄がありましたから、親しい間柄であります特別養護老人ホームの同和園を通して、マスクが足りなくて困っているという京都市老人福祉施設協議会に贈りました。中国から届いたマスクを詰め

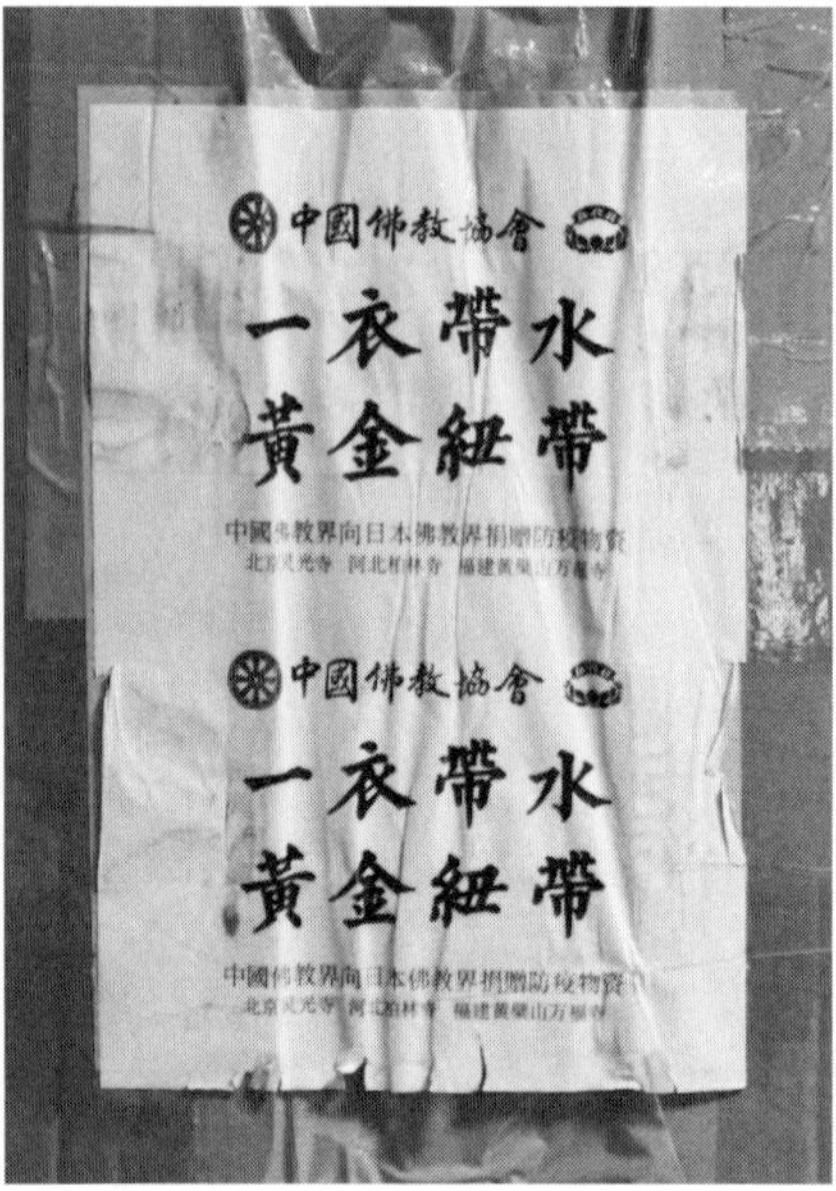

中国仏教協会から寄贈された
マスクの箱に書かれる
「一衣帯水・黄金紐帯」の文字

寄贈のマスクを
京都市老人福祉施設協議会に贈る森貫主
(令和２年４月１日)

1号
中國佛教協會
一衣帶水
黄金紐帶

た箱に、こんな言葉がプリントしてありました。

　一衣帯水《いちいたいすい》　黄金紐帯《おうごんちゅうたい》

「一衣帯水」は中国の歴史書に出てくる言葉ですが、一筋の細い帯のような川や海峡をいいます。それくらい両者の間の隔たりはごく狭いもので、近接している譬《たと》えです。日中国交正常化したころ、よく使われました。「黄金紐帯」は趙樸初先生が日本と中国に加え韓国の三国の仏教界が開いています日中韓仏教友好交流会議で述べた言葉です。三国は長い歴史とともに数多くの絆《きずな》で結ばれていますが、殊に共通の信仰でありますます仏教の絆はいまなお輝く黄金のような尊い結びつきだというのです。

　しかし考えてみますと、細い帯のような海に挟まれている日本と中国と韓国でありますが、そんなに簡単に渡れるものではなかったのです。唐の鑑真和上は日本に仏教の律を伝えようとして五回渡航を企てて失敗し、その間に目も見えなくなってしまいました。それでもなお仏法を伝えようとしました。それは日本の長屋王《ながやおう》が中国の僧たちに贈った千領の袈裟《けさ》に、こう刺《し》繍《しゅう》してあったからです。

　山川異域　風月同天　寄諸仏子　共結来縁

「山川域《いき》を異《こと》にすれども、風月天を同じくす、諸《これ》を仏子に寄せて、共に来縁を結ばん」、すなわち「国は異なっているけれども天は同じ。僧たちに袈裟を贈って仏縁を結びたい」というのです。鑑真《がんじん》和上は「日本は仏法を興隆する縁のある国だ」と命がけで海を渡り、遂に成功したのです。

人々が豊かに暮らす文化や文明が伝わり、栄えていくには、どうあっても人間の交流がなければなりません。玄奘三蔵は唐のはじめ、国禁を犯してインドへの求法の旅に出ました。ゴビ砂漠を渡り、最大の難関天山《てんしゃん》山脈を越えてインドに到達し、十年の歳月をかけて仏教を学びました。帰国したのは国を出て十六年後でした。膨大な仏典を持ち帰り中国語に翻訳していったのです。鑑真和上にしても玄奘三蔵にしても広く人々を救いたいという大いなる慈悲、まさに大慈大悲の心が己《おのれ》の身をもってして苦難の交流に旅立たせたのだと思います。

繰り返しになりますが、人間は社会的な動物です。出会って、大いに語り合い交流することで心も暮らしも豊かになります。けれどもコロナ禍の中ではマスクをして少し離れるのが社会全体、すなわち世間を良くしていくことにつながります。鑑真和上や玄奘三蔵が成し遂げた事柄とは比べものにならないかもしれませんが、マスク一つキチンと着けることにも世間に思いをいたす大慈大悲心がそこにあると思うのです。

しばらくは離れて暮らすコとロとナ

つぎ逢ふ時は君といふ字に

いまは逢いたくても少し離れて、心だけは互いに寄せ合わせ続ける——この歌にもやはり大慈大悲心がひそんでいて、観音さまの御心が生きているのではなかろうかと思うのであります。

厳しい大雪の冬に

霊魂は不滅

言葉の霊力

近年、日本海側の地方に大雪が降る冬がたびたびあります。平成三十年（二〇一八）の冬も北陸、特に福井県は三十七年ぶりの大雪となりました。国道8号線にトラックや自家用車が千五百台余りも立ち往生し、陸上自衛隊が出動する事態になっておりました。わずかに信号から次の信号まで行くのに一日がかりという自動車もありました。動けなくなって困っている運転手に沿道の人たちが炊き出しして助けた温かい話も伝わってきました。

大雪といいますと、その前年の三月に栃木県の那須町で雪崩《なだれ》が起こり、登山講習会に参加しておりました高校生七人と引率の先生一人が亡くなった痛ましい事故を思い起こすのであります。といいますのも事故があった町の近くの大田原市に那須音羽の会という会ができており、秋に法話会にまいりました時にも市長はじめ皆さん、大変心を痛めておりまして、法話を聴いて何とか悲しみを乗り越えようとしていたのを思い出すのであります。

この那須音羽の会は平成二十七年に誕生した地域市民の会でありますが、機縁となりましたのは大田原市が市制施行六十周年を迎え、私が記念講演会に招かれ出掛けていきましたことからであります。大田原市には有名な那須神社が鎮座しております。この神社は古くからあった神社ですが、清水寺の大本願であります坂上《さかのうえの》田村麻呂《たむらまろ》公が東北に赴きます時に、戦勝を祈願して応神天皇を勧請し金丸《かねまる》八幡宮と称したと言い伝わっており、ご縁があるのです。那須与一《よいち》が源平屋島の合戦で扇の的《まと》を射落とした話は有名ですが、その時に祈念したのがこの八幡さんであるのです。

その会には何人か世話人さんがおられて町の人に仏法を聴いていただこうということで、毎年秋に法話会を開いております。代表世話人は舘田岩次郎さんという方で、以前はスキーの選手をしておりました。そういうこともあって雪崩事故で亡くなった高校生たちを大変悔やんでおりました。

事故の新聞記事をいろいろ読んでおりますと、雪崩の犠牲になった栃木県立大田原高校一年生の高瀬《たかせ》淳生《あつき》さんの角膜がアイバンクに提供された話が載っておりました。事故の後、高瀬さんは人工呼吸器をつけられ医者が懸命に心臓マッサージをしておりましたが、お母さんにも「もうだめだ」とわかっていたそうです。その時、十六歳の自分の息子がまだ世の中の役に立っていない、何か貢献したいと思っていたに違いないと考え、医者から角膜の提供ができることを聞いてお願いしました。しかし、手術によって息子の体に傷がつき顔が変わるかもしれないとも言われ、お母さんは「やめよう」と思ったそうです。その時、高瀬さんのお兄さんが「自分が弟だったら提供してほしいと言うだろう」と言った言葉に、お母さんは決断したとありました。

お兄さんのひと言でお母さんの心が変わったのです。言葉には人を動かす力があります。言葉にも霊魂が宿っているのです。高瀬さんの目は誰かの目となって生き続けますが、肉体は滅んでしまっています。しかし、お母さんにとっても、お兄さんにとっても誰よりも強く高瀬さんの霊魂が生き続けていると確信が持てていることだろうと思います。そのきっかけをなしたのが言葉の霊力であるのです。

八年ほど前から、ＪＩＣＥ（ジャイス、日本国際協力センター）の案内によって中国の青年研修医師団が清水寺に訪れてきます。青年医師といいましても第一線でバリバリ活躍している四十代、五十代の先生たちです。三カ月間、日本へまいりまして、東京を中心に各病院で医療技術の研修をするのです。期間中、勉強ばかりも大変ですから日本の観光をということで京都にやってきて、清水寺訪問がコースになっているのです。

平成二十九年も十二人の医師団がまいりました。いつも少しお話をするのですが、その時も医師団の方々と医師の「医」という漢字について語り合いました。旧字は「醫」という字です。

漢字学者の白川《しらかわ》静《しずか》先生の説によりますと、「醫」は「殹」と「酉」とからできていて、「殹」は呪術の矢を秘密のところに収めておいて、かけ声をかけて邪気を追い払う、その声をいうのだそうです。「酉」はその時使う呪術の酒器をいいます。そうしますと、医師の声によって患者の病魔が追い払われて、酒器の酒は薬で、それによって癒《いや》されていくのだろうと思うのです。やはりまず言葉の霊力によって霊魂が動き、病魔が追い払われるわけです。このような漢字の話を医師団の先生たちにしておりました。

御嶽山噴火事故の鎮魂

私たちの世界には、どうにも避けがたい災難があります。自然災害であるとか、病気であるとか、怪我《けが》であるとか、逃れようとしても逃れられません。そういう時、私たちは無事でありますようにと神仏に祈ります。これは私たちの自然な姿であります。祈ることができるというのは何か対象があるわけです。それが仏の霊力であり、霊魂であり、その功徳《くどく》をもらって無事に過ごすのです。何か災害に遭われた人の鎮魂という時も、神仏に祈り、神仏の霊力の功徳をいただいて被災者の霊魂を鎮めてもらう順序になります。私たちが亡くなった人を鎮魂するわけではありません。

御嶽山噴火災害犠牲者慰霊碑除幕式
（長野県木曽郡王滝村、平成 29 年 9 月 27 日）

木曽の御嶽山が噴火して多くの方が亡くなった災害は皆さま覚えておられると思います。噴火からまる三年になる平成二十九年九月二十七日に私も御嶽山にまいりました。芳名碑ができておりました。五十八人が亡くなっています。まだ五人が行方不明だということでした。噴火の教訓を伝える銘文碑もありました。噴火ではなく噴石による災害であることが記されておりました。事故があったところまではバスで行けますので、行楽気分で行った人もあり、突然の爆発に用意も何もなく、飛んできた大きな噴石に襲われて亡くなっています。

　私がまいりましたのは、三周年の日に慰霊碑が完成し除幕式に出席するためでした。思いがけない災害に遭った犠牲者の遺族にしてみれば、居ても立ってもいられない事故で、長野県王滝村に慰霊碑を建ててほしいとかけあって、村でもそうしましょうということになったのです。碑は三メートルの高さがある石で、それに「鎮魂」と書いてくれないかと私に依頼があったのです。引き受けましょうということで、清水寺の御本尊の観音さまに祈願して書きました。

　碑が建てられましたのは海抜九〇〇メートルほどのところにあるスポーツ公園の中で、そこから標高三〇六七メートルの御嶽山がそびえているのが見えました。六十三人の犠牲者ですから、集まってきた遺族は二、三百人にもなっておりました。それぞれ献花をして、芳名碑にある名前を手で触り目頭を押さえておりました。なかなか遺族の悲しみは癒されるものではありませんが、慰霊碑が完成し「鎮魂」の祈りによって仏の霊力が徐々に犠牲者の霊魂を鎮め、それによって遺族の悲しみもまた癒されていくのだと思います。

ゴンドラ事故の夫婦鎮魂の碑

この慰霊碑の「鎮魂」の書を私が引き受けることになったのには、もう一つの事故の話がかかわっております。御嶽山には標高一五七〇メートルの五合目から七合目の飯森高原までロープウエイが運行しております。私もロープウエイのゴンドラに乗って標高二一五〇メートルの七合目まで行ったことがあります。そのロープウエイで前に事故が起きました。ロープにつり下げられているゴンドラの部品がすり減っていたために、ゴンドラが大きく揺れてロープに衝突し、ゴンドラの窓が外れ、乗っていた夫婦が投げ出されて転落したのです。二人は亡くなってしまいました。

遺族の子どもたちは大変悲しみまして、ロープウエイの会社を訴えたそうです。どうにも気持ちが収まらず、いろいろと交渉をした結果、夫婦が転落して亡くなったところに鎮魂の碑を建ててもらうことで話が一応まとまりました。次に碑の書を誰に書いてもらうかが問題になり、あれこれ人選をしたのですがまとまらず、たまたま麓《ふもと》の寺の和尚さんが私を知っていて、一度会いに行って頼んでみようということで話が落ち着いた次第です。

和尚さんが家族のために書いてほしいという碑の言葉は「帰去来」という文面でした。中国の詩人陶淵明《とうえんめい》が作った「帰去来辞《ききょらいのじ》」に出てくる有名な句です。「帰りなん、いざ」「さあ故郷に帰ろう」という意味です。亡くなった夫婦の霊魂がこの地を去り、遺族の子どもたちの住むところに帰って来て、ともに暮らして魂を安らげてほしいという祈りです。夫婦の肉体は亡くなりましたが、魂まではなくなってしまいません。霊魂は不滅です。遺族はどうあってもその霊魂を鎮めたかったのだろうと思います。すぐさま私は「帰去来」と書きました。この鎮魂の碑がありましたので、御嶽山噴火の慰霊碑についても書の依頼があったわけです。

このように霊魂は不滅です。亡くなった肉体は有機質や無機質の集まりで、焼いてしまえば無機質の灰しか残りません。しかし、霊魂が残っているからこそ葬式も法要も行うことができますし、拝むこともできます。人間を霊長の動物といいますが、霊長とは霊妙不可思議な力をもつ、万物の頭《かしら》であるということです。肉体的な点でいえば、人間の体の脂肪からは石けんが少々つくれるくらいでしょう。その点、ゾウやキリン、牛などは肉も皮も有用ですし、脂肪からはたくさんの物がつくれます。しかし、ゾウもキリンも牛も霊長ではありません。霊妙不可思議な力を持っていないのです。その力とは魂ということを意識できる、魂を供養することができるところにあると思うのです。

清水寺門前町の中に真福寺大日堂があり、そこの大日如来像は東日本大震災の津波に被災者とともに流された陸前高田の流木松を使って彫られています。制作にあたってお像を被災地に運んでいって、被災者の家族が鎮魂の思いを込めて、コーンとひとノミひと削りをしました。材料の松には津波に被災した犠牲者の霊魂がこもっています。その霊魂にひとノミひと削りして祈ることで鎮魂すると同時に、身近な自分の親族の魂をお像にこめて冥福《めいふく》を祈っていたのだと思います。大日如来像にはそのような霊魂が積もり積もっている、まさに霊仏であります。その霊魂をお像に感じて祈ることができるところに人間の霊妙不可思議な霊力があるということです。そして祈ることができたという思いが自分の霊力をも一層高めることになります。祈る能動が受動になるのです。

霊魂不滅主義者の唯物学者

皆さんは古在由重《こざいよししげ》さんという哲学者をご存じでしょうか。ベトナム人民支援運動や原水禁運動で指導的な役割を果たした進歩的な学者でした。日本を代表する唯物論《ゆいぶつろん》学者と言っていいと思います。この著名な学者を『文藝春秋』の編集長などを務めた岡崎満義さんが訪ねて行った話が『人と出会う』という本に出ています。岡崎さんはなかなか筆の立つ人で、この本には川端康成さんとか司馬遼太郎さんとか岡本太郎さんとか、作家や芸術家、学者が次々登場してきて、その人と会った時の話しぶりや印象が実に鮮やかにつづられています。読んでいますと、思わず吹き出してしまう著名人の表情が出てきます。

　さて、その岡崎さんが古在さんに会いに行った話ですが、名前だけ知っている面識もない大学者を突然訪問しようと思い立ったのは古在さんの娘さんの詩を読んだからでした。大変奇妙な面白い詩です。

おかしな娘
ヒゲが生えている
おかしな娘
よくたべる
おかしな娘は
なまけもの
おかしな娘は

かんがえる
地球のことを
かんがえる？？？？
？？？？男は男であるがゆえに
女でありうるかもしれない
それよりもっともっと
むずかしいことを
考えるそれで
ヒゲも生えるし
それで
おなかもへろうというものだしそれで
つかれて
ねてしまう

岡崎さんはこの詩を読んで、若い人が持っている何とも言えない独特の魅力を感じ、全く未知のこの人をもう少し知りたいと思ったのです。名前を古在直枝さんといい、詩は遺稿集『おかしな娘』に載っていたのです。遺稿集ですので直枝さんは亡くなっていますから、そのお父さんが古在さんと知ったので会いに行ったのです。もちろん編集者ですから著名な古在さんに何か原稿を書いてほしいと依頼するのが表向きの訪問の理由です。

　古在さんは書斎兼応接間でポツリポツリ直枝さんが亡くなった事情について話してくれたそうです。古在さんには千葉に別荘があったとかで、学生がそこでゼミ合宿をしたいと相談に来ました。古在さんは乗り気でなかったのですが、直枝さんが今の大学生は先生との交流がないからかわいそうだ、手伝うからやろうとすすめ、合宿をすることになりました。その合宿の最後の日に、帰る汽車の時刻までみんなでひと泳ぎしようということになったのです。ところが、全員が潮に流されてしまいました。近所の人に助け上げられ人工呼吸をしてもらったのですが、直枝さんだけが助かりませんでした。

　実は古在さんは太平洋戦争の末期に軍属として徴用された弟を海で亡くしているのです。弟は会社の同僚に出征を代わってほしいと頼まれ悩んだ時に、相談を受けた古在さんが「ぼくなら代わる」と言ったために、弟は決心し、乗っていた輸送船が米軍の爆撃を受けて沈んだのです。

古在さんは進歩的な学者ですけれども、最後にこんなことを言っているのです。「ぼくは笑われるかもしれないけれど、霊魂不滅主義者なんです。霊魂は不滅のものにしなくては、と思っています」と話したことが書いてあります。古在さんは日本を代表する唯物論学者でありますが、霊魂不滅でなければ、この世は理解できなかったのだと思います。娘さんの体はなくなっていますが、霊魂は生き続けていると確信していたのでしょう。

和尚さんが教えた言葉

私の学生時代の友達に浄土真宗の和尚さんがいます。先ごろ亡くなってしまいましたが、自分の寺が所在する町の地域活動を一生懸命に取り組んだ和尚さんでした。お寺というのはとにかく人が来ていないといけないというので、地域の音楽会やら芸能会やら講演会やら、いろいろと開いて寺に人がよく集まり憩うようにしていました。しかし、このような地域活動を和尚さん一人ではできません。檀家さんとかがやってきてテント張りやら湯茶の接待やらを手伝うわけです。その行事が終わって、最後にはみんなでご馳走をつくり、一杯やりながら話をし、後片付けをし反省会をして終了です。

友達の和尚さんはこの一杯やりながら檀家と話をするのを楽しみにしていました。彼も結構酒を飲みましたが、お手伝いにやってくる檀家にちょっと酒癖の悪い人がいたそうです。お医者さんでした。酔っぱらってきますと、和尚さんをつかまえて食ってかかってきます。「おい、和尚、人間死んだらどうなるのや」と聞いてくるのだそうです。和尚さんは「そりゃ、人間死んだら阿弥陀さんの世界に往くのや」と答えるのですが、お医者さんは「何言うてるのや。人間死んでしまったら、それでおしまいや。阿弥陀さんの世界なんて、おかしいやないか」と何度も何度も言うのです。一杯やるたびに必ずしつこく言ってきます。酒癖が悪いのです。友達の和尚さんも手を焼いておりました。

お医者さんには娘さんがありました。ある時、その娘さんが病気になりました。どう手を尽くしても治りません。お医者さんは医療の専門家ですから、専門医もたくさん知っていますので、あちこちの医師に連れて行きましたが、やはり治りません。娘さんはだんだんと衰弱していきます。娘さん自身にも衰弱する自分がはっきりわかってきました。そこで娘さんはお父さんであるお医者さんに聞いたそうです。

「このまま衰弱して、死んでいったら、どんなになるの」。

さすがにお父さんであるお医者さんは「人間死んでしまったら、それでおしまいや」とは言えませんでした。どう娘さんに答えたらいいか、言葉に詰まってしまいました。そこでお医者さんがとっさに思い出したのが、いつも和尚さんが話していた言葉でした。「われわれは死んだら阿弥陀さんの世界に往くのだ。だから、いま生きている、ここで念仏を称えよ」という教えです。お医者さんは娘さんに「われわれは阿弥陀さんの世界に往くんだよ。極楽浄土はきれいな花が咲いていて美しい鳥が鳴いていると、わしは聞いているよ。だから、いまここで念仏を称えるのだと教えてもらっているぞ」と話しました。娘さんは「わかりました」と言って、ベッドに横たわりながら南無阿弥陀仏を称えたそうです。

しばらくして娘さんが亡くなり、お医者さんが和尚さんに娘さんの話をしました。そしてお医者さんは以前にもまして熱心に寺の行事に参加しているということでした。

人間には肉体を超える霊妙不可思議な力があり、霊魂の世界があるのです。霊魂の世界を信じることができるのです。それが人間の長じたところであります。霊長のゆえんです。わたしたちの霊魂は不滅ということです。

桜の季節が巡ってきて

千年余、神も仏も仲良く

渓声すなわちこれ広長舌

新型コロナウイルスが日本で大きくひろがり始めましたのは令和二年三月のことでありました。その年は暖冬で、例年ですと三月十四、十五日の清水寺青龍会のころに仁王門前の老木の紅梅が満開になりますのに、もうその時期にはすでに花が散っておりました。珍しいこともあるものだと異常な感じを抱いておりました。そして早々と桜が咲き始めました。

日本人は桜が大変好きであります。

敷島《しきしま》の大和心《やまとごころ》を人《ひと》問《と》はば
朝日に匂《にほ》ふ山桜花

このように歌ったのは江戸時代の国学者、本居宣長《もとおりのりなが》であります。「匂ふ」というのは「美しく照り映える」という意味ですが、清水寺の境内にもいろいろな種類の桜があり、もちろん山桜もあり、その桜の花が朝日に照り映えるさまは実に美しいものがあります。

その桜が咲くころに京都の西の方で造園業を営んでおります「植藤」十六代目の佐野藤右衛《とうえ》門《もん》さんの話が京都新聞に出ておりました。代々、仁和寺御室《おむろ》御所の造園をしてきた家で、第十六代佐野藤右衛門さんはユネスコ本部日本庭園や京都迎賓館などの作庭を手掛けた造園の名手です。桜が非常に好きだそうでして「桜守《さくらもり》」と呼ばれております。円山公園の有名な枝垂《しだ》れ桜もお守りをしています。

枝垂れ桜は江戸彼岸《えどひがん》の一種だそうでして、条件が調いますと樹齢が千年にもなる桜が出てきます。福島県三春町の滝桜《たきざくら》とか岐阜県本巣市の淡墨桜《うすずみざくら》とか、チョイチョイあります。滝桜には二、三度訪ねて行ったことがあります。丘陵の斜面に枝垂れ桜が生えていて、流れ落ちるように花が咲きます。「なるほど滝やな」と思いました。町長さんに「子孫木があったらよろしいな」と話しましたら、「子孫木はもうできています。よろしい、清水寺に奉納させていただきます」という話になり、平成二十五年（二〇一三）に本堂と向かい合っています子安塔の東の丘に植樹されました。まだ若木ですが、毎年花を咲かせます。

さて、佐野藤右衛門さんはこれまで見たことのない自生の桜を山の中に探しに行くのが楽しみなのだそうです。行く時は前もって山の高さや小鳥がたくさんいるかどうか調べておきます。小鳥がたくさんいるところは桜の種を運んできて自生させるのです。新種の桜を見つけますと「自分だけの桜」の花見ができるわけです。贅沢《ぜいたく》なことです。

清水寺の境内も東山の中腹にありますから、小鳥がたくさんいて、時に珍しい桜も自生して

福島県田村郡三春町の滝桜子孫木植樹式
（清水寺境内南丘、平成 25 年 2 月 12 日）

います。毎朝のお勤めで本堂にまいりますと、いろいろな鳥が盛んにさえずっています。ウグイスがホーホケキョと鳴きます。そうです、「ホー、法華経《ホケキョウ》」と唱えてくれているのです。昼は聞こえない音羽の滝の音がドーッと響いています。西山の空には見事な満月が傾いていて、足元には夜明けしたばかりの境内にポッポッと桜が花を咲かせております。「さすが世界遺産、むべなるかな。こんな光景を自分一人で見ているのはもったいないなあ」とつくづく思うのです。

渓声《けいせい》　便《すなわ》ち是《こ》れ広長舌《こうちょうぜつ》
山色《さんしょく》　豈《あ》に清浄身《しょうじょうしん》に非《あら》ざらんや

渓声は谷川の澄んだ水の音。それは広長舌、すなわち仏さまの説法の声であり、山の景色はけがれのない仏さまの体そのものではないか。こう詠んだのは中国の大詩人、蘇東坡《そとうば》であります。清水寺の本堂舞台に立っていますと、まさにその通りです。音羽の滝のドーッと響く音といい、桜の花咲く清浄な東山の姿といい、どれをとっても仏さまの現れなのです。

孟春、獺が魚を祭ること

このように春が訪れてきますと、誰しも心が躍ります。春先の二十四節気の一つに啓蟄《けいちつ》というのがあります。難しい漢字を使っております。冬ごもりしていた地中の虫が喜び勇んで出てくることです。これは何が出典なのか気になり調べてみました。中国の四書五経の一つに『礼《らい》記《き》』というのがあります。その「月令」の孟春《もうしゅん》の月というところに「東風《とうふう》、凍《とう》を解《と》き、蟄虫《ちっちゅう》、始めて振《うご》き、魚《うお》、氷に上り、獺《かわうそ》、魚を祭り、鴻雁《こうがん》来る」と書いてあります。漢文ですから言葉がなかなか難しい。孟春の孟は最初、はじめです。春先になりますと東の風が吹いて凍っていたものがとけて、虫が動き始めると述べています。春風は東風《こち》といいます。

　こち吹かばにほひおこせよ梅の花
　あるじなしとて春を忘るな

有名な菅原道真《すがわらのみちざね》の歌があります。東の風が春の陽気を運んできて、梅の花も咲いて、土中の虫つまり蟄虫ですが、動き始めて出てきます。このころが節気の啓蟄であるわけです。

もう少し先を読んでみますと面白いことが書いてあります。「獺が魚を祭る」とあります。獺はイタチに似た動物ですが、川の中に入って魚やザリガニを捕って食べます。その食べ方として捕った魚をすぐに食べないで、岸に並べておいてから食べる習性があるそうです。さながら神仏にお供えしているようだというので「祭る」と書いているのです。ここから「獺祭《だっさい》」「獺祭魚」という言葉ができています。意味は先ほど言いましたように獺が捕った魚を並べることですが、そこからもう一つ発展した意味にも使われています。

中国の唐の時代に李商隠《りしょういん》という詩人がおります。この詩人は詩文を作る時に、いろいろな人の参考書を閲覧して、先例や故事をいっぱい踏まえて書いたそうです。それで李商隠の周りには本が何冊も並んで、獺が魚を祭っているようなありさまになっていたというわけです。以来、「獺祭」「獺祭魚」というと文章を書く時、たくさんの参考書を身の周りに並べる様子をいうようになりました。最近、私の部屋も机の周りに字引きや参考書がズラッと並んでいます。辞書は編集者によって意味合いが少し違っていたりしますから、何種類も比べないといけない。昔はいちいち片づけていたのですが、つい億劫《おっくう》になって並んでいます。これも獺祭かなと思った次第です。しかしながら、何ともむさくるしい。「ださい」というのは「獺祭」からきたのでないかと思ったりもしました。

もう一つ、獺祭を自分の号にした人がいます。明治時代、俳句や和歌の革新運動をしました正岡子規《まさおかしき》が別号として獺祭書屋主人《だっさいしょおくしゅじん》と名乗ったのです。きっと子規の書斎は李商隠の獺祭魚のように書物がたくさん乱雑に並んでいたのでしょう。子規の忌日は九月十九日ですが、獺祭忌と呼んでいます。こんなことを話していましたら、知人が銘酒の「獺祭」を持ってきました。山口県岩国市の酒造会社が造っている酒ですが、所在地が獺越《おそごえ》という地名であることと明治の日本文学に革新をもたらした子規にあやかってのことといいます。

正岡子規が悟った「悟り」

正岡子規はご存じのように肺結核を病んで、やがて結核菌が背骨に侵入し脊椎《せきつい》カリエスとなり、晩年はほとんど寝たきりの状態となりました。そんな病床にあってつづった随筆に『病《びょう》牀六尺《しょうろくしゃく》』というのがあります。最初に「病床六尺、これが我世界である」と書いています。もはや蒲団《ふとん》の外に足を延ばして体をくつろぐこともできない状態になっていました。そして苦痛、煩悶《はんもん》、号泣しながらも表現意欲を燃やし続け、毎日毎日思うところを存分に書いているのです。

子規は宗教を信じないと言っていますが、仏教に結構関心があったようです。こんな一文を書いています。

○余は今まで禅宗のいはゆる悟りといふ事を誤解して居た。悟りといふ事は如何なる場合にも平気で死ぬる事かと思つて居たのは間違ひで、悟りといふ事は如何なる場合にも平気で生きて居る事であった。

これは素晴らしい。どんな悲運な事態に直面したとしても、いつでも平然と死ねることが悟りではないというのです。人間この生をもらった以上は、どんなに苦しい時であっても、どんな悲しく辛い目に遭っても、平気でこの生を全うすることが悟りだというのです。

石田三成の逸話を思い出しました。関ケ原の合戦で西軍の大将として徳川家康率いる東軍と戦い破れました。捕らえられ、最後は京都の六条河原で処刑されましたが、京都の町中を引き回された時に、三成は咽喉《のど》が乾き、警護の者に水を所望しました。ところが水がなかったので、干し柿を差し出されたそうです。すると三成は「痰《たん》の毒になるから食べん」と言って断りました。警護の者が「すぐに処刑される者が毒になるから食べんというのはおかしい」と笑ったところ、三成は「お前らにはわからん。大義を思う者は首がはねられる瞬間まで命を大切にするのだ」と答えたという話です。いついかなる時も、最期の一瞬まで命を全うすることが大切です。

繰り返しになりますが、「獺祭」というのは獺が捕った魚をお供えするように岸に並べる習性を「祭る」といっています。「まつる」には「祭る」と書く時と「祀る」と書く時があります。これはどういうことだろうかとこれまた調べてみますと、神や祖先にいけにえの肉を供えるのが「祭」、自然神や祖先の霊に供物を捧げるのが「祀」、一年の決まった日にまつるのが

「祭」ということですが、頭が混乱してきました。いけにえの肉を捧げるという意味合いからすると獺祭はなるほど「祭」であるわけです。しかしながら、われわれは何となく神さまをまつる時は「祭」、仏さまをまつる時は「祀」と使い分けてきた感じがします。いずれにしても日本人は神も仏も、先祖の霊も自然の山や岩や木も、みな等しくまつって手を合わせてきました。

「神分転経《じんぶんてんきょう》」という言葉があります。清水寺では元日から七日間、修正会《しゅしょうえ》が奉修されますが、その法会の法則《ほっそく》に神分というところがあり、中国の泰山府君《たいさんふくん》の神に始まり、天照大神《あまてらすおおみかみ》、賀茂下上《げじょう》の両神、松尾の神、平野の神ほか百余の神々を勧請《かんじょう》して、そのお力に護ってもらいながら、お経を読誦し国家安泰や五穀豊穣《ほうじょう》を祈願します。神さまも仏さまも一つになって祈ってきたのです。

そもそも日本人の心は、弓矢と土器を使って自然の動物を狩り木の実や魚介類を採って暮らしてきた縄文人の心に、稲作をして農耕にまつわる儀礼や霊祭《たままつ》りをしてきた弥生人の心が加わってできてきました。縄文時代の遺跡からはいろいろな動物の骨や貝殻などが出てきて、その住まいの近くには丁寧に亡くなった人を葬っています。霊魂に対する厚い信仰があったのだと思います。それから平野に出てきて水田を耕し稲作を始めるようになりますと、種籾《たねもみ》をまき、田植えをして、稲を育て、刈り取るという一年の農業の暦《こよみ》に従って暮らしを進めていく必要があります。稲を育てるには太陽の恵み、水の恵みなど自然の力添えをいただかないことには成り立ちません。それらに手を合わせ豊作を祈るわけです。まさに八百万《やおよろず》の神であります。

桜の花を楽しむ花見も、もとは桜の下で御馳走を食べ酒を飲んで浮かれ騒ぐことではなかったのです。「さくら」の「さ」は穀物の霊をいいます。「くら」はその霊がつく神座です。神が宿る岩を磐座《いわくら》といいますが、その座《くら》です。一年の農作業が始まる春先に山に入って、桜を見て神を迎え、その時に山遊びとして野外で料理をつくり食べたのが花見の始まりです。このようにして日本人の心に神道が形作られてきました。

神道と仏教の習合

日本に仏教が伝来したのは欽明天皇の御代の西暦五五二年といいます。中国から朝鮮半島を経て伝わってきました。もっと早くに入ってきていたのかもしれません。そのころ日本には蘇《そ》我《が》氏と物部《もののべ》氏という大きな豪族が力を持っておりました。物部氏は仏教を受け入れるのに反対でしたが、蘇我稲目《いなめ》は自分の家を寺院にしました。仏教が入ってきたのです。日本にはすでに土着の神道がありましたが、それほど激しい排斥もなかったわけです。

　皆さんは一度は奈良の東大寺の大仏さまを拝んでいることと思います。聖武天皇の発願で造立された盧遮那仏《るしゃなぶつ》であります。この大仏を造るにあたって天皇は橘諸兄《たちばなのもろえ》らを伊勢神宮に遣わして祈らせています。すると天皇の夢に玉女が現れ、天照大神すなわち日輪は大日如来であり、本地は盧遮那仏だと告げたといいます。さらに九州の宇佐八幡神が大仏を造るのを援助するというお告げを下して神輿《みこし》が上京し、東大寺を鎮守する神となりました。神仏が仲良く習合して行ったのです。「習」とは重なる意味で、溶け合って一つになったのではありません。融合して「神仏教」という一つの新しい宗教になったわけではなく、相変わらず仏教は仏教、神道は神道でそれぞれあるのですが、ぴったりと寄り添っている関係になりました。

　最近は随分見かけなくなりましたが、各家庭で朝起きて顔洗うと庭に出て、お天道様《てんとうさま》にポンポンと柏手《かしわで》を打って、部屋に入り神棚に水を供えて拝み、朝炊いたご飯を仏壇に供えチンチンと鉦《かね》を鳴らすお年寄りがおりました。台所には京都の愛宕《あたご》神社の火廼要慎《ひのようじん》のお札が張られ、部屋の棚には寺の牛玉法印《ごおうほういん》のお札や祈禱《きとう》札があって、財布には寺やら神社やらのお守りが幾つも下がっているのがごく普通でした。こんな財布はいまも変わらずよく見かけます。

　天皇の宮廷行事は元旦に皇大神宮や天神地祇《てんじんちぎ》、天地四方、山陵を拝する四方拝《しほうはい》から始まりますように宮中儀礼は神道を第一として行ってきました。その天皇も仏教とともに歩んできたのです。例えば、有名な「祇園精舎《しょうじゃ》の鐘の声、諸行無常《しょぎょうむじょう》の響きあり」で始まります『平家物語』には比叡山の僧侶の言葉として「仏法王法牛角《ごかく》なり」と書いています。牛の角のように仲良く並んで優劣長短がないといっています。さらに鎌倉幕府が滅んで室町幕府ができていく様子を描いた軍記物語の『太平記』には「仏法王法の相比《あいなら》ぶ」とあるように、長く日本は天照大神の子である天皇が治める王法と国家を鎮護する仏法とがあいまってこそ完全な世界になるという考えが強かったのです。王法と仏法とがさながら車の両輪のように相助け合い補うというので「仏法王法両輪論」といわれています。

神仏分離、仏教の苦難の時代

神道と仏教が仲良くしてきた神仏習合の日本の社会も明治維新とともにひっくり返りました。明治元年（一八六八）に神仏分離令が出されました。「神と仏をはっきり分けろ」という命令ですが、その実のところ政府は神祇官《じんぎかん》を復活させて天皇を中心とする祭政一致の政治をやろうというのですから、「仏教を捨てろ。寺をつぶせ」という運動になりました。廃仏毀釈《はいぶつきしゃく》です。京都府八幡市男山《おとこやま》の石清水八幡宮にはたくさんの寺坊がありましたが、全部廃止して追放となり、僧侶は還俗《げんぞく》させられました。仏像も仏具も売却するか廃棄されました。なにしろ神号が八幡大菩薩から八幡大神に改まったくらいですから。清水寺の本寺であります奈良の興福寺では藤原摂関家から子どもが門跡《もんぜき》として入っていましたが、還俗して華族になり、そのほかの僧侶とともに春日神社の神職となりましたので、寺は主を失ってつぶれてしまいました。奈良に行きましたら、必ずお参りします有名な興福寺がなかった時代があるとは信じられますか。清水寺にとっても親の寺がなくなってしまったわけです。

それから明治三年（一八七〇）には大教宣布《だいきょうせんぷ》の詔《みことのり》が出されました。祭政一致の政策のもと神道をもって国民を教化し指導する方針をはっきり示したのです。仏教を排除して、伊勢神宮と宮中祭祀を頂点とし、神道で国民の宗教生活をまとめ統合しようとしました。仏教寺院にとって苦難の時代を迎えました。

加えて明治四年に上地令が下されました。寺院だけではなく神社もそうでしたが、幕府から認められてきました所領を国家に返上するよう命令されました。少ないとはいえ清水寺には門前町周辺のほか西院村や壬生村などに百三十三石の寺領があり、寺の経済を支えてきました。それが全部没収となりました。しっかりした檀家がある寺院はよろしいが、ないところはたちまち寺の維持にも困窮する事態になりました。おまけに明治八年に二回目の上地令が出されました。清水寺の境内地は音羽山の峰を越えたあたりから、いま国道1号が通っているところまでひろがっておりました。山には良い山林があったのです。ところが堂塔が建っている敷地と法要に必要な所を除いて全部召し上げられました。一回目の上地令で残っていた境内地十五万六千四百六十三坪が一挙に一万三千八百八十七坪、わずかに九パーセントになってしまいました。音羽の滝の近くまで敷地が取り上げられました。これでは境内の風致さえ保てませんので、後に少し返還してもらうなどして、現在はおよそ四万坪の境内地になっています。

もう仏教は滅びてしまいますから、なんとか仏教復興をと各宗派が国に提唱して神仏合併の全国組織をつくりました。明治五年、東京に大教院が設置されました。しかし、神仏一緒にということではあったのですが、実際は神道の方が力を持っていて敬神愛国・天皇奉戴《ほうたい》が前提ですから話がどうにもまとまりません。芝の増上寺の本堂に神殿を祭る奇妙な光景も出てきました。これでは大教院はうまくいきませんから解散となりました。一方で近代社会になって祭政一致で政治をするのも無理があります。そこで神社を宗教を超えたものとして国が管轄して、天皇中心の富国強兵の近代国家づくりが進んで行きました。いったん外国と戦争するような事態になったら、僧侶も衣を脱いで鉄砲をもって戦場に行かなければならなくなりました。出家して戒を受ける時、師匠から「殺生してはならぬぞ。よく保《たも》つや否《いな》や」と問われ「よく保つ」と答えた僧が人を殺しに行かなければならない。京都市の百万遍《ひゃくまんべん》にあります知恩寺に、かつて林《はやし》霊法《れいほう》という偉い法主がおられました。戦前、戦争反対を唱え治安維持法で検挙され苦しめられた話を聞きました。そのように国に対して抵抗できず本山に衣も戒名も返上し一国民となって兵隊に行った人が大勢います。

帝釈天が世界に掛けた網

昭和二十年（一九四五）、日本は戦争に負け、連合国総司令部の命令で国家と神社の神道が分離し、翌年正月に国民から現人神《あらひとがみ》と信じられていました天皇が人間になりました。戦後は主権在民、なんでも自由であり、個人主義がまかり通り、自分さえよければいいという風潮です。まことに独善的な社会になってきたなとつくづく思うのです。

令和二年、学校法人「森友学園」の国有地売却問題を担当していた財務省近畿財務局職員の妻が訴えを起こしました。その職員は当時の理財局長から決裁文書の改ざんを指示され、抵抗したにもかかわらず強制させられ、ついに自殺してしまったというのです。職員は手記を残していて、それを妻が公開して国と当時の理財局長に損害賠償を求めて訴えたのです。公文書が改ざんされた事実はすでに明らかになっていますが、国はさらに詳しい調査はしないと言います。自分の勝手な都合で国の公文書を改ざんするとは恐ろしいことです。こんな独善的なことが許されるわけはありません。

もちろん私たち一人一人の個人の主体性は大切です。しかし、ほかの人を認めない排他的な独善は許されません。我欲を振り回すエゴ主義になってしまいます。仏教に「相依《そうえ》相関《そうかん》」という言葉があります。例えばお父さん、お母さん、お兄ちゃん、お姉ちゃんの一家四人の家族があったとします。お兄ちゃんは一人の個人として主体性を持っています。同時にその主体性の中にはお姉ちゃんとの関係を具《そな》えています。ですから、きょうだい二人となることができるのです。あくまでもお兄ちゃんの個人の主体性だけというと、きょうだい二人は成り立ちません。同じようにその主体性の中には、お父さん、お母さんとの関係も具わっています。具わっているから一家四人となるのです。さらに町内の人々との関係も、地球のありとあらゆるものとの関係も具わっているのです。そうでなければ、この世にあることはできません。ありとあらゆるものとの関係を具えていますから、お兄ちゃんは地球そのものであり、その働きは地球の働きそのものとなります。

この世の主宰神《しゅさいしん》であります帝釈天《たいしゃくてん》の天宮は、宝の網で飾られているそうです。その宝の網には結び目一つ一つに宝珠《ほうじゅ》がついていて、周りを映し出しています。隣の宝珠も、その隣の宝珠も同じように周りを映し出していますから、宝珠は互いに映し合って無限に映し合う関係を保っています。天宮に人が入りますと、宝珠に人の姿が映り、その隣の宝珠にも、その隣の隣の宝珠にも、すべての宝珠に無限に姿が映し出されます。そんな網を帝釈天は世界全体にかけているというのです。網目の一つ一つが私たち一人一人です。網目の糸は私の糸であると同時に隣の人の糸でもあります。網の宝珠にはすべての人の姿が無限に映り合っています。ですから、一人の網目がゆがみますと、網全体がゆがみます。ゆがんだ姿がすべての宝珠にゆがんで映り合います。

今回の新型コロナウイルスの感染拡大では地球上のすべての人たちがいかに密接に無限に関わり合っているかを、望ましい事態ではありませんが、身をもって実感したことと思います。であるからこそ、網目の一人一人が形を整え、網全体がゆがまないように力を合わせ助け合うことが大切なのだろうと思います。

ゆがんだ神と仏の信心

少し長くなってしまいました。もう一度、日本人が持ってきた心のありようを振り返ってほしいと思います。縄文・弥生の時代からはぐくんできた日本人の心が、明治維新の時に大きくゆがんでしまいました。一つは長く日本人の心を支えてきた仏教が捨てられようとしました。

同時にもう一つ、神道も八百万《やおよろず》の神々を等しく祭ってきた日本人の心に、天皇中心の神国思想だけが正しいという独善が入ってきて、これまた大きくゆがんでしまいました。そして神と仏が仲良く寄り添い、千年余にわたって日本人の精神世界を豊かにはぐくんできた関係も壊れてしまいました。加えて終戦によって、わずかに残っていた神も仏も消えようとしているのだと思います。独善的なエゴ主義の時代になってきたと憂える次第です。

それでも私は信じています。日本人の心の奥底には大切にしてきた信心は残っていると。八百万の神や先祖代々の神々を祭り、もろもろの仏を祀り信仰してきた精神は消え去っていないと。心の中で眠っているのかもしれません。横を向いているのかもしれません。それを呼び覚まし、前を向くようにしなければならないと思うわけです。

大随求菩薩居開帳の年に

空即

清水寺にお籠りした紫式部

清水寺の本堂といいますと、舞台が有名であります。とにかく修学旅行の生徒たちは清水の舞台を目指して急ぎ、舞台に立ちたがります。うっかりすると御本尊より有名かもしれません。家に帰って両親から「それで清水寺の仏さんはどんな仏さんやったんや」と聞かれて「はて、なんやったかな」と答える笑い話のような生徒がおります。舞台でもう一つ有名なのが、そこからポンと谷に飛び降りることわざであります。実際飛んではいけません。飛んだつもりです。覚悟を決めるということです。

この舞台ですが、平安時代の中ごろまではなかったようであります。そのころの本堂は外陣《げじん》、内陣、内々陣の三つからなっていました。一番奥の内々陣に仏さまが安置されています。これは現在も変わりません。内々陣の東西に局《つぼね》という板間の部屋がありますが、これは平安時代もあったようです。

寺にお参りする人は「お籠《こも》り」ということをしました。泊まり込んで祈願するのです。籠って一晩中祈るところは外陣でしたが、その昔、貴族といわれるような位のある人は局に籠りました。ですから清少納言とか紫式部とかは両方の局に入りました。入る時は外陣にたくさんの人がいますから、恥ずかしくて扇で顔を隠して通っていきました。女性は顔を見られるのを大変嫌ったのです。

『新千載《せんざい》和歌集』の中に紫式部がお籠りした話が出てきます。紫式部は第六十六代一条天皇の彰子《しょうし》中宮に仕えました。一方、定子《ていし》皇后に仕えたのが清少納言でありました。ですから二人はライバル関係にあったわけであります。紫式部は日記にこう書いているのです。「清少納言こそ、したり顔にいみじうはべりける人」「よく見れば、まだいとたらぬことおほかり」と。清少納言は得意顔にしているけれど、よく見れば、まだ十分ではないところがいっぱいあると言っているのです。きついですね。女の人は強いです。男の人はそんなこと言えません。「まだいとたらぬ」と手厳しい。このような二人ですが、それぞれに清水寺本堂の局に籠っています。

その紫式部がお籠りにきた時に、仲の良い伊勢大輔《いせのたいふ》が偶然お籠りにきているのがわかりました。どうしてわかったかといいますと、御宝前に灯明があがっていたからです。二人は同じ彰子中宮に仕えた女房仲間でしたので、彰子さんが病気になり、ともに平癒祈願にお参りにきたのだと知ったわけです。そこで紫式部は伊勢大輔に歌を樒《しきみ》の葉に書いて贈りました。

心ざし君にかかぐるともし火の
同じ光にあふがうれしさ

「君」は主人の彰子さんです。その病気が治りますようにと灯明をささげたら、伊勢大輔も同じ気持ちで灯明をかかげていて喜んでいる歌です。紫式部の歌に対して今度は伊勢大輔が返しました。

いにしへの契りもうれし君がため
同じ光に影を並べて

このように同じ主君のために同じ思いの灯明をかかげ、仲良く影を並べる前世からの縁があったのだと伊勢大輔も喜んでいるわけです。二人が須弥壇《しゅみだん》の御宝前に仲良く灯明をささげているほほ笑ましい姿が見えてきます。

徳道上人、西国巡礼の草創

その須弥壇に安置されていますのが御本尊の観音さまであります。当山の観音さまは西国三十三所観音霊場の第十六番であります。この西国巡礼を始められた方が徳道上人という方であります。養老二年（七一八）の草創と伝わり、平成三十年が千三百年の記念になりました。

徳道上人は親孝行な方で、両親を早くに亡くしましたので菩提《ぼだい》を弔うため出家しました。やがて聖武天皇から霊木をもって観音さまを彫るように勅命を受け、巨大な観音さまを造って長《は》谷《せ》寺《でら》（奈良県）に祀りましたので、長谷寺と徳道上人とは非常に深いご縁があります。

その徳道上人にまつわる縁起が中山寺《なかやまでら》（兵庫県）に伝わっています。『中山寺由来記』というのですが、中に徳道上人がにわかに死んだ話が出てきます。死んであの世に行きますと閻魔《えんま》さまが出てきて「あなたがこの世に来るのはまだ早い」と言うのです。ここの〝この世〟というのはあの世のことです。そして「最近、地獄に堕ちる人が多い。あの世で観音さまの霊場を巡礼してご縁を結べば、この世の地獄に堕ちることはない。あの世に戻って巡礼の功徳を説いてもらいたい」と閻魔さまが教えたのです。ここの〝あの世〟はこの世、つまり現世です。こうして徳道上人がこの世に帰ってくる時、証拠として閻魔さまから観音霊場の宝印と証文をもらって、ふっと生き返りました。その宝印が中山寺の石棺の中に納められているそうです。生き返った徳道上人は観音さまの巡礼を始めたわけです。皆さん、良かったですね。お蔭で私たちは観音さまとご縁ができて、もう大丈夫です。

あの世に行ったら、この世の罪によってさまざまな地獄の苦しみを受けることがお経に書いてあります。あの世に行って閻魔さまが出てきて裁判があるといいます。この世で何をしてきたか罪状がみな書き上げられていきます。嘘《うそ》を言いますと浄玻璃鏡《じょうはりきょう》に何をしたかが映し出されてしまいます。嘘発見器のようなものがあるのです。人間はどうしてもいい加減なことをやってしまいます。しかし、「おお、お前は清水の観音さまにお参りしたそうやな。これは良い」と閻魔さまがおっしゃって、良い方にやってくれるはずです。徳道上人の巡礼の教えによって観音さまの良いご縁をつくってくれているのです。

大随求菩薩222年ぶりの居開帳

　草創千三百年の記念に各札所ではいろいろな記念行事を行いましたが、清水寺は随求堂《ずいぐどう》の本尊大随求菩薩の御開帳をしようというので、春に二週間と秋に十日間、秘仏の扉が開きました。随求菩薩は「求めに随う」という名前が示す通り、私たちの願いに随ってすべて聞いてくださる菩薩さまです。出開帳《でがいちょう》といって随求堂から本尊を出して開帳したことはありますが、随求堂での居開帳は二百二十二年ぶりでありました。

　清水寺の現在の大随求菩薩坐像は江戸時代の中ごろに祀《まつ》られました。随求菩薩の信仰は平安時代にはあったようです。そのころは随求菩薩を写した絵をお守りにするか、随求陀羅尼《ずいぐだらに》を口で称え信仰していました。清水寺は何度も火災に遭っていますのでよくわかりませんが、いつのころから随求菩薩像が祀られていたようです。それがさびれていたところへ堺（大阪府）の安楽寺の盛松《せいしょう》権律師《ごんりっし》という人が清水寺に入ってきて復興したのです。随求菩薩像を本尊としているのは清水寺の中の慈心院といいますが、盛松が慈心院の中興開山となったのです。なかなかすぐれた方でありまして『随求菩薩感応伝』という本にこのあたりのことが詳しく書かれています。盛松の弟子に盛範《せいはん》という人がいます。「せいはん」、どこかで聞いた名前ですが、盛と清が違っています。このような弟子も力を注いで随求菩薩信仰を大変盛んにしました。

　ところで、随求菩薩の彫像というのは極めて珍しいのです。皆さん、どこかで見たことがありますでしょうか。おそらく随求菩薩という名を耳にするのも初めてという人が多いと思います。その姿を目にすることもなかなかありません。日本全国探しても見つかりません。よくよく調べてみますと、大阪府河内長野市の観心寺に大随求菩薩の絵があります。重要文化財になっています。神奈川県横須賀市の満昌寺の背後に岩壁があるのですが、そこに仏さまが刻まれていて随求菩薩も描かれています。しかしながら、お像を造って拝むというのはなかなかありません。ところが身近に一つあるのです。清水寺のお隣に高台寺がありますが、豊臣秀吉の正室でありますが北政所《きたのまんどころ》の霊屋《おたまや》の本尊が随求菩薩であります。その左右に北政所と豊臣秀吉の像が祀られています。

大随求菩薩 222 年ぶりの居開帳御開帳法要
（清水寺塔頭慈心院、平成 30 年 3 月 2 日）

豊臣秀吉の朱印状と願文

豊臣秀吉は随求菩薩を本尊としています清水寺の慈心院の大変な信者でした。太閤さんが慈心院に下した朱印状が残っております。慈心院は清水寺の中の目代職《もくだいしょく》をしていたのですが、朱印状には「清水寺目代職并《なら》びに当寺領分の事、有り来たりの如《ごと》く相違有るべからず、全く存知すべき候《そうろう》也」とあり、特別に慈心院の寺領を認めているのです。太閤さんは随求菩薩の大の信仰者だったのでしょう。それで高台寺の霊屋に祀られたのでしょう。

秀吉公は清水寺の観音さまの熱心な信者でもありました。お母さんが病気になった時の願文も残っています。大政所というのがお母さんのことですが、その願文に「今度、大政所殿煩《わずら》ひ本復に於《お》いては、壱万石、奉加の為《ため》、申し付くの条、祈念専一候也」と書いています。お母さんの病気が治ったら一万石を寄進するというのです。こう書いてから、ひょっとしたら命が危ないかもと思ったのでしょうね。その脇に「猶以《なおもっ》て命の儀、三ヶ年、然《しか》らざれば二年、実々《まことまこと》に成らざれば、三十日にても延命候様《そうろうよう》に頼み思《おぼ》し召《め》され候」と言っています。「三年、いや二年、それもあかんのなら、三十日でもいい長生きさせてほしい」と頼んでいます。太閤さんの人間性が現れています。結果的にはお母さんは四年長生きしました。ですから清水寺は秀吉公から一万石の米をいただいたことになります。太閤さんのポケットマネーだったのでしょうか。

さて、随求菩薩ですが、その姿は胎蔵界曼荼羅《たいぞうかいまんだら》図の観音院の部分に描かれています。ですから古代インドにおいて信仰されていたことがわかります。観音院の中に位置づけられているということは、観音さまの分身になります。西国観音霊場草創千三百年記念として随求堂の大随求菩薩を居開帳しましたのは、そういう理由からであります。

観音さまのお経といいますと、『般若心経』があります。もう一つ『観音経』もあります。こちらは『法華経』の中の一巻なのですが、一巻を取り出して特に『観音経』と呼んでおります。この二つの内、やはり知られているのが『般若心経』です。短いので空《そら》に唱えることができます。大変ポピュラーであります。

弘法大師と『般若心経』

この『般若心経』の内容について弘法大師が解説した有名な注釈書があります。『般若心経《はんにゃしんぎょう》秘鍵《ひけん》』といいます。秘密の鍵《かぎ》といって密教の立場から大般若菩薩の瞑想《めいそう》世界を説き明かしているのです。漢文で書かれた難しい内容の書物であります。空海は語学が抜群にできた方であります。

ご存じのように空海は奈良時代の終わりごろ、現在の香川県善通寺市に生まれました。当時、文化の先進地は中国・唐の都長安です。そこで三十一歳の時に遣唐船に乗って唐に渡りました。比叡山の最澄も別の船でしたが、同じ時期の遣唐船に乗って唐に行きました。もっとも二人の身分は違っていました。最澄は短期留学の還学僧《げんがくそう》であったのに対して、空海は十年、二十年と中国で勉強して帰ってくる留学《るがく》僧という立場でありました。いずれにしても国家から費用が支給される学問僧であることに変わりはありません。

　先ほどもいいましたように弘法大師は語学が実によくできる方です。そのうえ書がまた素晴らしかったのです。唐の文化人たちを感動させました。当時、長安の密教の巨匠といいますと、青龍寺の恵果阿闍梨《けいかあじゃり》です。青龍寺には学僧が二、三千人はいたといいます。ですから簡単には恵果阿闍梨には会えないのですが、弘法大師の出した手紙が見事であったのです。「あなたが来るのを待っていた」ということで恵果阿闍梨は密教の奥義を次々と伝授しました。弘法大師は密教ばかりでなく、長安でインドの言葉でありますサンスクリットもマスターしています。大変難しい言語で、普通は一生かけて学ぶものですが、短期間に習得してしまっています。

　こうして十年、二十年と留学すべき立場の弘法大師でしたが、わずか二年で帰国しました。留学僧はこんなに早く帰ってきてはいけませんので、すぐ京都に入れません。九州に留まって、唐からどういう経典や仏像、曼荼羅《まんだら》を持ち帰ってきたかを書いた『請来目録《しょうらいもくろく》』を朝廷に差し出しました。それを見た最澄も三年後に嵯峨天皇となる神野《かみの》親王もびっくりしました。やがて天皇に即位しました嵯峨天皇はすぐ弘法大師に書を屏風《びょうぶ》に書かせて、互いに肝胆《かんたん》相照《あいて》らす間柄になったのです。

このころ京都に大変悪い病気が蔓延《まんえん》していたようであります。嵯峨天皇は弘法大師に「疫病を治めるにはどうしたらよいか」と相談しました。弘法大師は「『般若心経』を写経してください。私は中国伝来の秘法をもって疫病退散の祈禱《きとう》をしましょう」とお願いしました。そこで嵯峨天皇は『心経』を手ずから書写し読誦転経し、弘法大師は天下泰平の祈禱を行いました。するとたちまちにして悪病が治まったということです。旧嵯峨御所であります大覚寺にはその嵯峨天皇の写経を納めた心経殿があります。

弘法大師は『心経』を書写したり読誦したりするだけではもの足りないと考えました。わずか二百六十文字の『般若心経』でありますけれども、その中身は何かを勉強しないといけないというわけで『般若心経秘鍵』を著しました。秘められたものを開く鍵を説き明かすという立派な書物です。このようないきさつから大覚寺では弘法大師を秘鍵大師とも呼んでおられます。

「色即是空、空即是色」

さて、『般若心経』の中身ですが、膨大な経典であります『大般若経』六百巻を何と二百六十六文字に圧縮したものです。『大般若経』は人間が一生を生きる智慧《ちえ》をまとめたものです。それをギュッと縮めています。ですから極めて中身の濃いお経です。難しいお経であるのです。だからといって棚の上に載せたままにしておいては意味がありません。中身は何か、眼目は何か、しっかりと説くことが大切です。しかしながら、奥深いお経ですから、ひと口で片付けられそうにありません。法話の時間は短いですから、せめて『般若心経』の一番肝心なところを覚えて帰ってほしいと思います。お経のどこの一節か、もう皆さんはおそらく見当がついているのではないでしょうか。「色即是空、空即是色」というところです。

「色即是空」とはどういうことでしょう。ひと口でいいますと「色」とは一切の存在をいいます。机がある、椅子《いす》がある、家がある、何々がある、この「ある」というのが「色」であります。その一切の存在が「空」だというのです。難しいことになってきました。つまり「色」の内容は「空」だと言っているわけです。

そうしますと「空」とはどういうことかが問われます。これまた説くのが難しくて大変です。平たくいいますと、じっとしていないということです。すべてのものが時間とともにどんどん向こうへ流れていくというのが「色空」「色即是空」の内容です。次から次へと途切れることなく流れていく、これを無常といいます。常で無い、じっとしていないのです。

次から次へ、じっとしていない、私たちがそうです。知らない間に年を取っています。「年いくな」と言っても年は取ります。「今年も盂蘭盆法話やな」と思っている間もなく、お盆になり、彼岸が過ぎたと思ったら、もう年の暮れです。なんでこんなに早く年を取るのか、ある人に聞きました。そうしたら「分数だからだ」と言います。「ほう、分数ですか」と不思議な顔をしましたら「分母が自分の年齢で、分子は一年の一や」という説明です。どうです、わかりますか。私はいっぺん聞いてもわかりませんでした。つまり二十歳の若者は二十分の一、平成三十年の大随求菩薩開帳のこの年七十八歳の私は七十八分の一です。年を取れば、分母が大きくなって一年が短くなり、どんどん早く年を取っていくのです。

このように一切の存在が流れていって、壊れていきます。「色」はサンスクリット（梵語）でルーパー rupa といっていました。訳語の漢字「色」には物が壊れていくという意味はありませんが、ルーパーには物が壊れ消滅していくという意味合いがあるのです。存在するものは、どんどん向こうに行って、壊れて消滅していくというのが「色」の内容であります。ですから一切の存在は仮にあるわけです。

空、あてにならないこと

ご主人、奥さん、お子さん——皆さんは互いにあてにしていませんか。そのご主人が、奥さんが、お子さんがどんどん年を取っていきます。私たちは一切の存在をあてにしています。親兄弟、友人、財産、みなあてにしています。あてにしているもの、つまりそれは「色」ということですから固定していませんので、じっとしていません。どんどん向こうへ流れていきます。あてにしているものが、あてにならないのです。私の先輩和尚さんに教えていただきました。「空」の意味は、あてにならんということだと言うのです。仏教書を見ますと「空」について難しい説明が書いてありますが、要はあてにならんことだと説いたのです。あてにしていますが、無常です。どんどん流れていきます。

そうしますと、あてにしても仕方がない、あれもあかん、これもあかんということになります。これは虚無主義になってしまいます。ところが、お釈迦さまは偉いです。虚無主義に陥ることなく、「空」すなわち「あてにならんもの」が実は「色」なのだとひっくり返しました。これはなかなかの考え方です。

本を読んでいましたら、こんな話が載っていました。旅の僧が山里を行脚《あんぎゃ》していました。そろそろ日が暮れるので、どこか泊めてもらおうと村人に尋ねました。「近くに荒れ寺があるけれど、泊まってはいけない。幽霊が出る」と村人が言います。「そうか。でも夜露をしのぐにはいいだろう」と旅の僧は考え寺に行きました。確かに荒れ寺です。囲炉裏端《いろりばた》に座って村人がくれた柴《しば》を焚《た》いて、禅板《ぜんぱん》をあごの下に張り首が前に行かないようにして寝ておりました。坐睡《ざすい》というのです。そうしていますと、フッと生暖かい風が流れてきましたので、目を開けて見たところ囲炉裏の向こうに誰かいました。ガリガリに痩せた和尚さんがボロボロの衣を着て、目だけギョロギョロさせて、ジッとこちらを見ているのです。そして火箸《ひばし》で囲炉裏の灰の上に字を書きました。

寂々寒山寺　更無一個僧

「寂々《じゃくじゃく》たる寒山寺、更《さら》に一個の僧も無し」、もの寂しい何もない山寺に、そのうえ一人の僧もいないと言うのです。無いという世界を言っています。空の世界です。ここまで書いて幽霊は次の句が出てこなくて、ウーンとうめき声を挙げ苦しんでいます。村人が怖がっていたのはこれだなと旅の僧はわかりました。漢詩の起承転結の起承まで詠んで、転結の二句が詠めずにいるのです。「よし、わかった。三句目と四句目を私が詠んでやろう」と旅の僧が灰の上に書きました。

風掃空楼箒　月為古殿灯

「風は空楼《くうろう》を掃《は》く箒《ほうき》、月は古殿《こでん》の灯《ともしび》と為《な》る」、無い、無いというけれども風は箒となり、月は灯となる、風もあれば、月もあるではないかと詠みました。今度は有の世界を言ったわけです。幽霊はニッコリ笑って「なるほど」とうなずき消えていきました。無の世界ばかりではなくて、実は「空即是色」すなわち空は色の世界であると言ったのです。

一番あてにならないもの

例えば、毎日かけている眼鏡。これも「色」の世界です。落とせば壊れてしまいます。消滅していってしまいます。けれども、いまこの眼鏡がなかったら目が見えません。ハンカチ一枚にしても、なかったらトイレに行って手を洗い、どうしますか。前の人の背中で拭くわけにはいきません。ハンカチ一枚が生活を成り立たせています。わずかに茶碗一つ、箸一膳、それが生活を成り立たせています。私は新幹線でよく移動しますが、車中で弁当を食べようとして箸一膳がなくて困った経験が一度あります。弁当に箸が入っていなかったのです。手つかみで食べるわけにいきません。箸はすぐ向こうへ消えていきますが、なくては生活が成り立ちません。

ではありますが、すべてのものはあてにならないものです。どんどん向こうへ行ってしまいます。それが色の世界です。では、一番あてにならないものは何だと思いますか。親兄弟、子ども、友人、財産、家……、最もあてにならないものがあります。是非それを心に銘記してください。人差し指を一本立てて自分の鼻にあててください。これが一番あてにならんのです。「目が見えにくくなった」「坂を上がるのがしんどい」「頭の毛が薄くなった」、こんなはずではなかったと思っていませんか。一番あてにならないものが「私」なのです。

皆さん、松尾芭蕉《ばしょう》はご存じだと思います。俳聖といわれている人です。晩年に江戸を出発して東日本を行脚《あんぎゃ》した紀行文があります。有名な『奥の細道』です。江戸から日光を訪ね、そして那須《なす》の黒羽《くろばね》に行きました。現在の栃木県大田原市です。ここには清水寺と親交を結んでいます那須音羽の会があります。芭蕉が黒羽に行ったのは知り合いがいたからです。那須でもあちこち訪ね歩き、那須与一が祈願した那須神社にも参拝しています。それから白河の関を越え、奥羽街道を通って仙台に到り、さらに北に行き、古代の多賀城があったところで古い碑に巡り合いました。芭蕉の時代から千年ほど昔に城を修造した時の碑です。芭蕉は碑を見て感動のあまり涙を流しました。「行脚の一徳、存命のよろこび」と書いています。一番あてにならない「私」が千年も昔の碑に巡り合ったのです。命在ることがありがたいとよろこんでいるわけです。生きていれば、いろいろなものを見ることができます。もっと珍しいものを見たい、もっと楽しい所に行きたいと思いますが、今日ここに生きていればこそです。これが基本だと言っているのです。一日生きているのが有り難いのです。

「空即是色」の根本は感謝

ところで、「今年の漢字」はご存じでしょうか。あれは私が書いています。平成二十九年の「今年の漢字」は「北」でした。「北」はどんな字かといいますと、「ヒ」が反対方向に二つ並んでいます。この形を手で作ってみます。まず私たちが仏さまに向かって手を合わせるのは敬って合掌している形です。その手を開けて行って、手の甲が向かい合うところまで回転して、指を曲げてください。「北」の形になります。合掌とは反対で、背中合わせになっているのです。「ヒ」はもともと「人」の形で二人が背中を向けている様子です。ですから肉月を下に書きますと「背」になります。「そむく」意味になります。人と人は背いてはいけません。互いに心を通じ合わせ、思いやらなければなりません。これが孔子の最も大切にした教えである「仁」です。人が二と書いてあって、互いに親愛の情を通わせている姿です。先ほど言いましたように一番あてにならないのが「私」ですから、その「私」が今日一日生きているのは、まず身近にいる人のお蔭です。その人の親愛の情のお蔭、「仁」のお蔭です。今日、家に帰りましたら、奥さんに「お前がいるから、わしが今日元気にいられるのや。おおきに」と言って手を合わせてください。あるいはご主人に「今日あるのも、あんたのお蔭や。おおきに」と言って手を合わせてください。きっとびっくりすると思います。「なんか夕べ、悪いものでも食べたのと違うか」と言われるかもしれません。しかし、やはり向かい合って親しむことが大切だと「今年の漢字」の「北」は教えているのです。

これを『般若心経』でいいますと、世の中は「色即是空」、すなわちじっとしていない、あてにならないと心得ることです。それを心得て、同時に「空即是色」、すなわちあてにならないものによって成り立っていると感謝するということであります。じっとしていない、流れて消えていくものによって今日一日の生活ができているのです。ですから「おおきに」ということが「空即是色」の根本になると思うわけです。

清水寺の学芸員に横山正幸という先生がおられました。私のところは歴代良い学芸員に恵まれておりまして、現在は坂井輝久先生、先代は加藤眞吾先生、その前が横山先生というお方です。いずれもよい先生ですが、三人に共通するものといえば、みな般若湯が大好きという点であります。

横山先生は私の父親くらいの年齢で、長い間学芸員を勤め、学芸顧問のまま八十八歳で亡くなりました。急に病気となり入院しましたので、見舞いに行かなければと思っていましたところ、病院から電話がかかってきました。「是非とも住職に会いたい」という話であります。それで病院に急いでまいりましたが、行く時、心配しました。先生から「おれはもう行くから、お前も一緒に来い」と言われたら、どうしようかと思い悩みました。先生はもと学校の先生でした。病室に見舞いますと、「わしはもうこの世の中を卒業した。いつ迎えにきてもらってもいい。ところが、向こうがグチャグチャやっていて、いつ迎えに来るかわからん。住職、いつ迎えにくるのか」と言うのです。そんなこと言われても「一週間先です」とも「三年先です」とも言えません。それで良慶和上の本に『ゆっくりしいや』という名著があったのを思い出し「先生、良慶和上もゆっくりしいやと言ってますやないですか。そんなに慌てて行かんでもよろしい。ゆっくりしてください」と言いました。先生は病床でニッコリ笑って「そうか、わかった。おおきに」と言って手を合わせていました。先生は厳しい人でしたが、日々事あるごとに「おおきに」と何度も感謝を述べていました。その二日後に亡くなりました。最期も「おおきに」と言って亡くなったと付き添ったお嬢さんが話していました。

　私くらいの年齢になりますと、一人去り、二人去りと友達が向こうへ行ってしまいます。もとよりあてにならない私たちです。最期の一瞬まで「おおきに」と言って向こうへ行きたいというのが、『般若心経』の「色即是空、空即是色」の教えの眼目だろうと読んでいるのです。

師走入りのころに

大いなるものに抱かれて

先人先輩諸氏が植えた紅葉

清水寺は紅葉の名所であります。今日では大変よく知られており、新聞などの紅葉案内欄には必ず清水寺が入っております。毎日毎日「色つき始め」「一部見ごろ」「見ごろ」というように順々に案内されて出ています。幕末期、清水寺の住職をつとめた月照・信海さんを追善供養します十一月十六日の落葉忌を営むころになりますと、お参りがてらに「紅葉見物に行こか」という人が増えてまいります。清水の舞台から眺める紅葉の景色はまさに観音さまの浄土であります。

ところが、江戸時代はどうも事情が違っていたようです。貞享二年（一六八五）に出ました京都の案内書に『京羽二重《きょうはぶたえ》』というのがありますが、その中に「洛陽十景」といって京都の有名な風景を十カ所選んで並べています。清水寺は入っているかなと見ますと、一番目に出てきます。「清水仏閣」とあります。東山の山並みに鮮やかに見える堂塔が美しく、その景色がいいというのです。さらに東山地域だけの「東山十景」というのもあります。そこには「清水白《はく》桜《おう》」と書いてあります。清水寺は桜の花が一番良いと取り上げられているのです。

それから清水寺だけの見どころを集めた「清水十景」というのもあります。見てみますと第一に「古崖懸泉《こがいけんせん》」と書いてあります。これは崖に滝が流れ落ちているということですから、音羽の滝です。「春巌開花《しゅんがんかいか》」、ゴツゴツした山肌に春には花が咲くというわけで、桜の景色です。「音羽畳翠《おとわじょうすい》」、音羽山の鬱蒼《うっそう》とした樹木の緑が美しいと言っています。「霊鷲疎鐘《りょうじゅそしょう》」、隣山であります霊鷲山の眺めとそこから聞こえてくる鐘の音がいい雰囲気だというわけです。「洛陽万戸《らくようばんこ》」、清水寺から京都の家並みがずっと見えて実にいい眺めだと入れています。「鴨川一帯《かもがわいったい》」、鴨川の流れが一筋の帯のように美しく見えたのです。今では建物の陰になって見えません。「東郊烟雨《とうこうえんう》」、東山の麓の景色が霧雨《きりさめ》にボーっと煙って絵に描いたように見えました。「西門遠眺《さいもんえんちょう》」、西門から遥かに見渡す光景は実に素晴らしいのです。「宕嶺晴雪《とうれいせいせつ》」、愛宕山《あたごさん》に雪が降って晴れますと青空にくっきりと浮かんで見事な景色です。「亀阜暮靄《きふぼあい》」、夕暮れに嵐山公園の亀山が靄《もや》に霞《かす》んで見える光景も情緒があります。これで十景ですが、紅葉が全く出てきません。

どうやら紅葉は明治の時に清水寺の境内を大改修した際に植えたものであるのです。その時は境内にたくさんあったお堂も整理し、石の階段から、参道の石敷きから、いろいろと整備して楓《かえで》やら桜やら椿やら植樹をしています。当時の信徒総代でありました内貴甚三郎《ないきじんざぶろう》や中井慈眼《じげん》といった人が大いに力を尽くしたのですが、調べて見ましたら、それより前にも蓮井知城とい

落葉忌の四つ頭茶席に着いた森貫主
（清水寺塔頭成就院、平成 30 年 11 月 16 日）

う清水寺の僧侶がおりまして、音羽山から谷に至る境内が台湾の高雄山（打狗山、現・寿山）に似ていると惚《ほ》れ込んで、たくさんの方々の助力を集めて大整備しようとしていました。音羽の滝から音羽川が流れる南苑一帯は錦雲渓《きんうんけい》と名付けられておりますが、別名として新高雄とも呼ばれておりますのは、この蓮井知城師の功績から出ているのです。いまでも境内を歩いておりますと、梅やら桜やら楓やらの老木があちこちにあります。春の花のころはもちろんですが、紅葉の美しい季節を迎えるたびに、「ああ、これも先人たちや先輩諸氏の尽力の賜物やな」と大きな恵みに包まれていることに感謝するのです。

神仏の威神力、エネルギー

紅葉の季節が終わるころになりますと、師走入りとなります。ご存じのように師走は十二月の別名です。どうして「師匠が走る」と書くのかと思っていましたら、由来がわかりました。昔は年末にお公家さんやお武家さんが一年間の厄払いをお寺の師僧に頼みました。すると師僧が『大般若経《だいはんにゃきょう》』を詰めた箱を大八車《だいはちぐるま》に載せ、あちらの家、こちらの家と走り回って祈禱《きとう》していましたから、その慌ただしい光景を写していたのです。私のお祖父《じい》さんは森善教といいましたが、その子の子が森孝忍部長でありますから、私と森部長とは従弟《いとこ》になるわけです。そのお祖父さんが私の子どものころ、建仁寺の和尚さんと一緒に『大般若経』の箱を大八車に載せ後ろから押して、祈禱に行っていたのを思い出します。それが「師走」だったのです。

一年の厄払いといいますと、いまでも山内で十二月一日から三日間、仏名会《ぶつみょうえ》を厳修《ごんしゅ》しております。本堂内々陣で法会を営むのが通例ですが、令和元年は「平成の大修理」が行われていましたので、奥の院内々陣で奉修いたしました。このような経験は初めてです。修復工事中はこのような滅多にないことがありました。仏名会は過去・現在・未来三世の仏千体ずつ、つまり三千の仏名を唱えて一年間の罪障を懺悔《さんげ》し消滅させるのです。こうして新しい年を迎えるわけです。除夜の鐘も同じような意味合いがあります。一年間の厄を払い、煩悩を除いて、清浄な新しい年を迎えようというのです。仏の威神力を借りて一年間の区切りをつけます。

このように神仏の威神力に頼って守ってもらおうとすることはよくあります。家を建てる時は地鎮祭をします。海開き、山開きにも神事をします。七五三には氏神さんに、十三参りには法輪寺（京都市）に参詣して子どもの成長を祈ります。最新の科学的な施設を建てる時でも神職にお出まし願って神事を執り行います。日本人は古来より大自然の神や仏の力をいただいて清浄にし、そのエネルギーによって平穏に物事が成就するように祈ってきたのです。

除夜の鐘が済みますと、正月であります。最近はあまり見かけなくなりましたが、正月には必ず門松《かどまつ》を立てました。これは歳神《としがみ》の依代《よりしろ》であります。歳徳神《としとくじん》ともいって、先祖の神が門松を目当てにして帰ってくるのです。そして神棚や床の間、恵方棚《えほうだな》に祭り、餅などを供えます。餅を炊いて供えたのが雑煮《ぞうに》です。添える柳箸《やなぎばし》は両方が削られていますから、片方で先祖の霊が食べ、もう一方で私たちがいただきます。こうして先祖の霊が黄泉《よみ》から帰ってくるのが「よみがえる」です。歳徳神のその名の通り福徳や五穀豊穣《ごこくほうじょう》をもたらす神様です。これでもわかりますように私たちは大自然や宇宙、あるいは先祖、先人の大きな恵みをいただき、そのエネルギーに包まれて暮らしが成り立っているわけです。

無文老師が詠んだ和歌の話

三十年ほど前になりますが、その年の暮れ、十二月二十四日にお亡くなりになられた方に山田無文《むもん》老師がおられます。臨済宗妙心寺派管長をつとめられ、私が花園大学に入りました時には学長をしておられました。その無文老師の若いころの歌にこのような和歌があります。

大いなるものに抱《いだ》かれあることを
けさ吹く風の涼しさに知る

老師が二十歳を過ぎたころの歌だそうです。私の学生時代、花園大学では月曜日の第一講は学長の提唱《ていしょう》と決まっていました。提唱というのは禅宗で教えの根本を提示して説くことをいうのです。『無門関《むもんかん》』だとか、『碧巌録《へきがんろく》』だとか、『信心銘《しんじんめい》』だとか、いろいろな禅書から題が示されました。入学した時、先輩から「無文老師のこの講義だけは必ず出ておけよ。寝てもいいから」といわれました。といいますのは、出席しておくと「その出席が他の科目で出席単位が足りなくても大目に見てくれる」という先輩の教えであったのです。月曜の第一講はなかなかつらいのですが、何とか遅刻せずに聴きに行きました。すると「大いなるものに抱かれあることを」という歌の話が出てきました。

　無文老師がお生まれになったのは明治の後半期です。老師は著書に「三河の国の山奥の武節という小さな山村で生まれました」と書いていますように愛知県の山奥の村の出身です。お父さんは運送業をし、それに製材業も営んでいました。お兄さんが東京の早稲田中学に行っていましたので、無文老師が十四歳になった時、「お前も早稲田に来い」ということで東京に出ていきました。山国の村から兄弟二人も東京の学校に出るのは珍しかったと思いますが、家は相当な経済力があったのでしょう。その当時、早稲田中学に入って、さらに高等学校、大学へと進もうというのは政治家か、官僚か、あるいは軍人になろうという人が多かったのです。実際、お父さんが無文老師を早稲田に出すにあたって「裁判官か弁護士になれ」という希望だったそうです。

ところが、中学校の漢文の時間に『論語』を読んでいて孔子の言葉にびっくり仰天したそうです。

「訟《うった》えを聴《き》くは、吾《われ》、猶《なお》人《ひと》のごとし。必ずや訟え無《な》から使《し》めんか」

裁判官は訴え事を聞いて正邪を判断し正すのが仕事です。ところが、孔子は「それは自分もできるけれども、自分がやろうというのは訴え事が無い平和な世の中をつくることだ」というのです。裁判官は世の中に争い訴え事があるから必要なのです。警察官は世の中に法律を犯す人がいるから必要なのです。軍人は世の中に戦争があるから必要なのです。どれもこれも人間が不都合なことを起こすから、その解決のための手段ではないのかと無文老師は考えました。手段ではなく、人生本来の目的は一体何かというわけです。

河口慧海先生との出会い

それから大いに悩んだそうです。学校にもだんだん行かなくなりました。時代は大正の末期で、宗教が盛んでした。救世軍の説話が街頭であり、済生会という仏教教団の説法もありました。植村正久とか内村鑑三というような有名なキリスト教者の講演会もありました。禅寺では菅原時保《じほう》老師が提唱をしていました。毎日あっちに聞きに行き、こっちに話し合いに行き、野良犬のようにうろうろ歩き回ったそうです。中学に入った時は学術優秀で賞状をもらった無文老師でしたが、勉強をしないのですから、かろうじて中学を卒業したものの、高等学校の入学試験は見事に失敗し浪人生活に入りました。二年目の受験もまた不合格となりました。

あてもなく放浪する無文老師を見るに見かねた友人が「よし、一ぺん私についてこい」と言って、東京・本郷に住んでいました河口慧海《えかい》先生のところに連れて行きました。慧海先生はもともと黄檗宗《おうばくしゅう》の寺院で得度した禅僧でしたが、経典の原典を求めてチベットに極秘潜入し勉強してきた仏教学者です。ちょうど二度目のチベット遊学から帰ってきたころで、『入菩薩行《にゅうぼさつぎょう》』というお経を翻訳し講義をしていました。その講義を聞いていて無文老師は異常な感動を覚えました。

たまたま『入菩薩行』にこんなふうに言っているところがあったのです。地球の上を全部、牛の皮で敷き詰めてしまえば、みんな裸足《はだし》でどこにでも行けます。しかし、それは不可能です。地球全体に牛の皮を敷き詰めることはできませんが、一人ひとりが自らの足に牛の皮の靴を履けば、みんなどこにでも行けます。牛の皮の上を裸足で歩いて行くのと同じことになります。発菩提心《ほつぼだいしん》、つまり一人ひとりがみんな菩提心を発《おこ》せば、この世の中はたちまち平和な世界になるだろうと言うのです。これこそ人生本来の目的ではないでしょうか。

無文老師は早速、次の日に慧海先生のところに行き「弟子にしてほしい」と頼み込みました。一応「よろしい」ということになったのですが、慧海先生は「出家するには親の許可がいる。お釈迦さまは親の許しがないものは弟子にしないとおっしゃった」というわけで実家に手紙を書いたそうです。お父さんはカンカンになって怒りました。「すぐ帰ってこい」というので老師が帰ったところ、「裁判官か弁護士にしようとして東京の早稲田中学に入れたのに、坊さんになるとは何事か」と叱《しか》られました。お母さんも「お前を坊さんにせんならんほど、うちは悪いことをしていない」と泣き出しました。

お父さんは名古屋にいた渡辺一牛という人相見《にんそうみ》を信頼していたそうで、早速「一ぺん見てくれ」と無文老師を連れて行きました。人相見が天眼鏡でじっと見て言いました。「この子は孤独の相といって家庭を持てる子でない。坊さんか神主さんにしかなれん」と決断を下しました。こう言われたらお父さんもしようがないので、無文老師は許可を得て慧海先生の弟子になりました。

結核に病み、涼しい風に悟る

入門しましたが、慧海先生は大変厳しい。一年ほどで倒れてしまいました。一緒にいた弟子二人ともやめて出て行きました。「お前もやめろ」と誘われたのですが、無文老師は親の反対を押し切って弟子になったのですから、そう簡単にやめるわけにはいきません。残ったものの出て行った弟子の分まで仕事が回ってきて、とうとう結核にかかりリンパ腺がパンパンに腫れ上がりました。

故郷に帰って名古屋の病院に入れてもらおうとしたのですが、入院させてくれません。どうしたわけか兄も結核にかかり、一緒に結核専門の病院に行きました。すると兄は引き受けてくれましたが、無文老師の方は「もう君はだめだ。家に帰って食養生しなさい」と断られました。家でジッと寝ているうちに徴兵検査があり、杖を頼りに役所に行きましたが、とても合格しません。家の離れに独りぼっちにされ、食事だけは女子衆《おなごしゅ》が運んできてくれます。「みんな私が死ぬのを待っているのや」と思って毎日安静にしていました。

そんな時です。夏のはじめ、久しぶりによろよろと部屋から縁側に出て座りました。庭に南《なん》天《てん》が花を咲かせていました。そこにとても涼しい良い風が吹いてきました。「ああ、久しぶりに良い風に出合ったなあ」と思っているうちに、無文老師はハッと悟って、先ほど紹介した

「大いなるものに抱かれあることをけさ吹く風の涼しさに知る」という歌が出てきました。

無文老師はこう思ったのです。「風が吹くというのは一体どういうことか。空気が動いているのや。自分は何もない、独りぼっちやと思っていたけれど、実は空気があったのや。空気に守られ生かされているのや。大自然のエネルギーに生かされているのではないか」と。

途端に気分も良くなり、病気が段々と良くなっていきました。不思議なことに病院に入院した兄の方が亡くなり、病院に見放された無文老師の方が生き残ったのです。リンパ腺はまだ腫れていましたので、人のすすめで浜名湖の北にある気賀の金地院という寺に連れて行かれました。そこの和尚さんは枇杷《びわ》の葉で病気を治すというので有名だったのです。江戸時代、枇杷葉《びわよう》湯《とう》という粉薬や煎じ薬があり、大いにもてはやされていました。現在でも枇杷の葉は生薬として使われているようです。金地院の和尚さんが「三月で治る」と断言した通り、無文老師はたちまち良くなりました。和尚さんから「これからどうするのか」と聞かれましたので「坐禅をしたい」と言ったところ、それなら体力が回復するまで花園大学で勉強をするようにすすめられ入学しました。そして大学を出て天龍寺の僧堂に入り二十年間修行を続けられました。

無文老師は頭の切れる方でありました。天龍寺では関精拙《せきせいせつ》という偉い禅僧につかれました。その精拙老師の原稿の下書きなども無文老師が手伝っておられたとうかがいました。のちに学識も道力《どうりき》も深い立派な老師になられ、妙心寺山内の霊雲院住職に就き花園大学学長に迎えられたのです。さらには神戸の祥福寺《しょうふくじ》専門道場の師家《しけ》にもなられました。

目の前に浮かんできた仏像

涼しい風にはっと悟りを開かれた無文老師のことを思い出しましたのは、祥月命日が年の暮れということもありますが、もう一つ、お釈迦さまがはっと悟りを開かれた成道会《じょうどうえ》が師走の八日であったからでもあります。

「奇なるかな、奇なるかな、一切衆生《しゅじょう》悉《ことごと》く皆、如来の智慧徳相《ちえとくそう》を具有《ぐゆう》す」

お釈迦さまは悟りを開かれた後、このように言葉を述べられました。生きとし生けるものみな、仏さんの知恵と徳性がそなわっているというのです。生きとし生けるものみな、仏さんに抱かれ、仏さんの心を持っています。そのことに気付き、悟りを開くかどうかです。無文老師は学長となって、あるいは師家となって、若い者を包み込んで、仏さんの心を持っていることを悟るよう教え薫《くん》じておられました。

「薫ずる」というのは香りが自然と体に染み込んでいく意味です。そのように私たちの周りにあるものが心の中に染み込んでいきます。「恩師の薫陶《くんとう》を受ける」といいますが、先生の教えが香りのごとく体に染みついて人格を形作っていきます。「陶」は土をこねて形をととのえる意味から、教育するということもいいます。京都には近年まで陶化《とうか》中学校という学校がありました。仏教では「薫」の代わりに「熏」の漢字を使います。「熏習《くんじゅう》」とは、私たちが見たもの、話した言葉、行ったことが心の中に染み込んで行き、それが種子となって、やがて意識に現れてくると説いています。

正月一日から清水寺では修正会《しゅしょうえ》を営みます。御本尊宝前で五穀豊穣《ほうじょう》・家内安全・世界平和などを祈願するのです。年中行事の中でも特に重要な法会になります。一日から連日続けて七日に結願《けちがん》を迎えます。結願の日は信者の皆さんも途中から本堂内々陣に入って一山僧職と一緒になって祈ります。そして、法要の後に皆さんとともにお斎《とき》をいただきます。

もう随分前になりますが、長らく清水寺の信徒総代をつとめてこられた西村公朝《こうちょう》師と並んでお斎をいただいている時に、一つのお話をうかがったことがあります。ご存じのように公朝師は仏師であり、仏像修理技術者であり、さらに愛宕《おたぎ》念仏寺の住職でありました。東京美術学校（現・東京藝術大学）の彫刻科を卒業され、誘われて仏像修復にたずさわるようになりました。最初に手掛けたのが近年国宝になりました三十三間堂（京都市）の千体千手観音立像でした。皆さんも長いお堂にズラリ並んだ観音さまをご覧になったことがあろうかと思います。公朝師は初め手が不器用だったようで、仏像の手一本修理するのに、先輩は十分間ぐらいでするところを丸一日かかりました。「自分には向いていないのではないか。現代彫刻家になろう」としているところへ召集令状が来て中国に出征しました。その戦争の最中、行軍中に眠り夢を見ました。手足のとれた何千体もの仏像が現れたので「修理してほしいのか。それなら日本に帰してくれ」と言いますと、仏像がうなずきました。おかげで無事、終戦とともに帰国できましたので、すぐに三十三間堂に向かい仏像修理に打ち込んだそうです。

公朝師の話というのは、後にラジオ番組で長くかかわった三十三間堂の仏像修理についてしゃべった時の逸話でした。放送が終わってからしばらくすると、ある婦人から放送局に手紙が届きました。点字で書かれていて、翻訳してもらったところ、婦人は公朝師の三十三間堂の仏像の話を聞いた途端、目の前に女学校時代に修学旅行で見た観音像が真っ暗な瞼《まぶた》の裏に金色に輝いて現れたというのです。失明して生きる希望を失い何度も自殺を考えてきた婦人でしたが、この闇に浮かんできた観音さまがそれから消えなくなったと喜びを伝えてきたそうです。

公朝師の夢に現れた仏像も、婦人の目の前の闇に浮かんできた観音像も、香りが体の中に染み込むように心の中に植えこまれた種子です。知らず知らずのうちに染み込んでいたわけです。それが意識に現れて、くっきりと目の前に見えました。と同時に、はっと気が付いたことがありました。生きとし生けるものはみな、仏さんに抱かれて、仏さんの知恵と徳性をいただいているということです。そして、これが自分の本来生きる道だと気が付いたのです。

本堂柱の根継に魂と書いて

施しのこころ

柱の生きている命に感動

清水寺の本堂は国宝に指定されております。現在の建物は寛永十年（一六三三）に再建されたものであります。といいますのは寛永六年に大火があり、清水寺の主要な伽藍《がらん》がすっかり焼けてしまったからであります。それからたった四年で再建したわけです。本堂舞台の高欄《こうらん》についております擬宝珠《ぎぼし》に確かに寛永十年と刻まれておりますから、間違いなく四年間で本堂ならびに堂塔伽藍十棟あまりが再建されたのです。徳川三代将軍家光公が願主となって大号令をかけてくださったからですが、それにしても大変なエネルギーであります。以来、現在まで三百九十年ほどになります。

このたびの「平成の大修理」で九棟の建物を解体、あるいは半解体して修復しました。素屋根が架かる工事現場に何度も見に行きますと、三百九十年前の再建工事の様子が彷彿《ほうふつ》としてきます。本当にたった四年間で再建が可能なのでしょうか。修理現場の主任さんに尋ねてみました。「伽藍を一棟一棟建てていては間に合わないでしょう。同時進行で建てたのと違いますか」ということです。

同時進行と言っても、材料をどこに置いたのでしょう。本堂だけでも太い柱が百七十本ほど必要ですから、その材木が清水坂を上がってきて、どこに置いたのでしょうか。職人さんが常に何百人と寺に入っていたでしょう。通いだけでなく泊まり込んでいた職人さんも多かったでしょうから、どこかに宿舎をつくらなければなりません。作業着の洗濯はどうしていたのでしょうか。風呂はどうしていたのでしょうか。食事はどうしていたのでしょうか。このようなことが修理現場を見ていますと、彷彿としてくるのです。

毎朝五時に本堂にお参りするのですが、本堂の外陣に上がりますと太い柱が見事に並んでいて感動します。一本だけ柱を決めておいて、柱に「おはようございます」と挨拶《あいさつ》をします。そして「よく三百九十年も本堂を支えていただいて、ありがとうございます」と手でさすります。毎朝毎朝ですから、そこだけ油光りしています。すると柱が言うのです。「三百九十年と違います。私はこれだけの太さの柱になるのに三百八十年かかっています。ですから七百年、八百年の寿命です」と。本当に有り難いなあと思います。それで、毎朝その柱をきゅっと抱きます。柱はきっと嫌がっていると思います。「和尚さん、毎朝毎朝いい加減にしなさい」と言っているかもしれません。ですが、柱の生きている命に感動します。

その柱を今度の大修理に当たり調べましたら、シロアリが入ったり雨がかかったりで床下の根元が腐っていて、十一本の柱を根継《ねつぎ》しないといけないことがわかりました。太い柱を根元で切って、新しい柱を継ぐのです。切るには柱を三センチほど持ち上げないといけません。一本だけでなく周りの柱を皆上げて、のこぎりで切ります。電気のこぎりで切ったら目が粗いというので、若い職人さんが手で二時間かけて切ります。切り取ったところへ新しい太い柱を入れます。そして柱を下ろします。入れる根継の柱は同じ太さの柱でないと柱になりません。それも切ってすぐというわけにはいきません。何十年か寝かしたものでないと柱になりません。皆さんの家庭に、ひょっとしてこのような柱がゴロゴロしているようでしたら、京都○七五-五五一-一二三四に電話をください。喜んでいただきに行きます。

この根継の柱の面に何か一字書きませんかと京都府教育庁文化財保護課の方から言われました。柱を下ろしたら次の修理までは見ることができません。ですから何百年先かはわからないわけです。そこに私は「魂」という字を書かせていただきました。開創千二百年の観音さまの御魂、千二百年お参りしていただいた無量の方々の御魂、あるいは本堂を造っていただいた大工さんや職人さんの御魂、それらを総合して「魂」と書かせていただきました。すべては観音さまの御魂です。

観音さまの大慈大悲心

観音さまはサンスクリット（梵語）でアヴァローキテーシュバラといいます。アヴァとは「離れる」という意味です。ローキテーとは「観る」ということです。シュバラは「自在」の意です。自由自在に観ることができる仏さまというので、唐の玄奘三蔵《げんじょうさんぞう》は観自在菩薩と訳し、鳩摩羅什《くまらじゅう》は『法華経』で観世音菩薩と翻訳しました。両方ともきれいな訳です。観世音の「世」を省略したものが観音菩薩です。音を観る、これが観音さまです。「観」というのは私です。「音」というのは私を取り巻く環境です。周囲の一切のものです。『般若心経』では「色」と書かれています。「色即是空、空即是色」の「色」です。観る方と観られる方、これが「観」と「音」です。私からいいますと「観」が私、皆さん方が「音」。皆さん方からいいますと皆さんが「観」、私が「音」になります。ですから私たちは「観」と「音」という二元の関係にあります。政治家と国民、学校の先生と生徒という関係です。この「観る」という立場が「音」の立場と本当に一体になった時にはじめて観音さまになるわけです。両者が一体になるということはなかなか難しいことです。ここに観音さまの大慈大悲心が生まれてきます。

私はこの前、小学校の先生が書いた本を読んでいました。A子ちゃんとB子ちゃんという子がいました。二人は非常に仲が良いといいます。二人が遠足に行った時、A子ちゃんが穴に落

根継記銘にあたり誦経をする森貫主
（平成25年9月19日）

本堂柱の根継に「魂」と記した墨書銘

ちました。すぐB子ちゃんは走って行き「先生、A子ちゃんが高い穴に落ちはった。助けて」と先生に言いました。それで先生が駆けつけて助け「よかったなあ。気を付けて遊んでね」ということで、その場は終わりました。あとで職員会議の時に「B子ちゃんはおかしいな。高い穴はおかしいで。深い穴に落ちはったというのが正しいで」という意見が出て、ほかの先生も「ああ、そうやね。深い穴やなあ」となったのです。ところが、担任の先生が「いや、違います。これは高い穴です。だって、B子ちゃんは落ちたA子ちゃんの気持ちに即座になっていて、A子ちゃんが穴の下から上を見はって高い穴と思わはった心になっているんです。だから高い穴に落ちはったというのが正しい」と言いまして、先生方も納得し結論が出たということです。別々の人と人が一体になることはなかなか難しいことです。

それでは、「観」というのは何で物を観るのでしょうか。私の心で観るのです。ですから、心の状態によって観る世界が変わってきます。心ほど確実な事実はないというのが仏教の立場です。物を回想し思い出すのも私の心ですし、疑うのも私の心ですし、納得するのも私の心です。心ほど確実な事実はないというわけです。あらゆる社会現象は心の反映です。私たちはどんな心であるのか、どんな意識であるのか、それが私たちの世界をつくる根本となっているのです。

先般、静岡県の沼津に行き、お話をさせていただいた時に、聴衆の男性から質問がありました。富士山が世界遺産に登録された直後でした。地元の人にとっても、私たち日本人にとってもうれしいことでした。登録とともに富士山が雑誌の写真に出てくるし、ポスターの絵に出てくるし、と随分ＰＲされました。そこで、その男性は「富士山の絵がトイレットペーパーにまで描いてあります。これをどう思いますか。住職、いかがですか」とおっしゃるのです。「そうですなあ。富士山はだいたい我々の先祖があの神々しい山の姿を見て崇《あが》め拝んだのです。富士山信仰の御神体はもともと富士山です。のちに修験道《しゅげんどう》が盛んになって、役小角《えんのおづぬ》が登拝したとか、末代《まつだい》上人が山を開いたという村山《むらやま》修験がおこってきます。富士山は噴火山で、平安時代のはじめには大噴火した記録があります。ですから火山を鎮めなければいけません。そこで火山神としての浅間神《あさまのかみ》を崇めるのですが、これは荒ぶる神ということです。それを祭って鎮めの神としたのです。のち神仏習合で本地《ほんじ》は大日如来とされ、富士山の一木一草が仏さんであり神さんとされます。その意識をなくしたら、富士山は単なる山になってしまいます。霊験あらたかな山ではなくなってしまいます。これでは世界文化遺産ではなくなります」とお話しました。

以前、川勝平太静岡県知事が毎日新聞に述べているのを読みました。「ユネスコ世界遺産会議の場で、登録が富士山だけでは価値がわからないので、聖地と芸術的霊感の源泉という副題を付け加えるよう勧告された。宗教や文化の違う二十カ国からなる会議の総意であった。最終的に富士山信仰の対象と芸術の源泉となりましたが、自然の山である富士山が宗教性と芸術性が一体の文化遺産であると国際的に認められたということは画期的なことである」と言っているのです。宗教的意識なくして富士山は富士山でありえないのです。これは私たちの意識の問題であり、心の問題です。

心は複雑、力出すのも心

しかしながら、この心というのがなかなか複雑にできています。簡単に人間の心を解き明かすことはできません。例えば、人が力を出すといっても何が力を出すのかといえば、心が出すのです。「ちょっと重いけど、あんた、持ってお帰り」と言われたから持てるのです。普通だったら持てないものも持てるのです。「あなたに差し上げます」と言われると力が出ます。

鹿児島に行きました時に「白波」という焼酎を御馳走になりました。「少し匂うけれど、どうです、和尚さん、おいしいでしょう」と聞きますので「おいしい」と答えましたら、「これをお持ち帰りください」と一升瓶三本いただきました。重たかったですね。鞄を持って、おまけに一升瓶三本を下げて階段を上る時の重たかったこと。その時、私にやると言われたから持てるのだなと思いました。「帰って京都で誰それさんに渡しておくれやす」と言われたら、一升瓶三本は置いて帰ったでしょう。「すいません、京都に着いたら、もう一軒寄らなあきませんので」とお断りしたでしょう。

私の大先輩で、平成二十一年（二〇〇九）に百歳の手前で亡くなられた先生に松原泰道《たいどう》という方がおられます。私は年に一度、三重県のお寺にまいりますが、その時にご一緒させていただいたことがあり、教えてもらった面白い話があります。菅原時保《じほう》老師といって明治・大正・昭和にわたって活躍された立派な禅僧があります。鎌倉の建長寺住職をされました。この菅原老師が修行していた小僧さん時代のことです。和尚さんから「村のあの家へお経を読みに行ってこい」と言われ、寒い中を飛んで行きました。木魚をポクポク叩き読経して、もう終わるころに隣の台所で赤ん坊がギャーギャー泣き出しました。見ると、おしっこを漏らしていました。その横にはご飯のしゃもじが置いてあり濡れていました。そこへ奥さんが慌ててやってきて「ごめん、ごめん、ほっといて」と言って、赤ん坊を脇に抱え、炊きたての釜のふたを開け、そのしゃもじでご飯を混ぜて、おひつに移しました。そして「さあ、小僧さん、ここへ座っておくれ。お腹すいているやろ。寒いところをありがとう」とご飯をてんこ盛りにして出してくれました。当時、寺の小僧さんが白いご飯など食べられるものではありません。その家では小僧さんが来るというので、今日の日のために白米を取って置いていたのでしょう。しかし、小僧さんはどうしてもご飯に手をつけらません。お腹が空いていますから食べたいのですが、汚いという意識があって食べずに帰りました。その二、三日後、またお経を読みに行きました。今度は赤ん坊が泣くこともなく、勤めを終えると「さあ、小僧さん、ここへ。寒い時によく来てくれました。今日は甘酒をつくりましたから、どうぞ」と言います。甘いものは滅多に口に入りません。「へえー、甘酒ですか。いただきます」と一杯目を飲みました。寒い時の熱い甘酒はおいしい。二杯目、三杯目、さすがに四杯目は飲めませんでした。「もう結構です。よくいただきました」と言いましたら、その奥さんが「この前、来た時は、ご飯を食べていただけませんでした。お腹でも悪いのかと心配していました。あの時ご飯がたくさん余りましたので、今日はそれで甘酒をつくらしていただきました。よう甘酒を飲んでいただいて、ありがとう」と話したということです。「きれい」「汚い」は私にあるのです。物にあるわけでなく、私が決めているのです。執着《しゅうじゃく》がありますから、どうしても自分を中心に物を見るのです。

六波羅蜜の六つの道

皆さん、自分は変わらないと思っていませんか。年を取るのは他人の方だと思っていませんか。「あいつ、最近、年取ったなあ」と自分を棚に上げていませんか。年が行くのは、実は私が行っているのです。何年か前、清水小学校い・ろ・は組の合同で同窓会をしようというので準備してくれました。「森君も来いよ」「行きます」というわけで、会場の京都ブライトンホテルに出かけました。清水小学校同窓会と案内が出ていますので、「ここやな」と戸を開けて入ってみますと、おじいさんとおばあさんばかりがいます。「こんな老人会に来たのやない。部屋を間違えた」と飛び出てしまいました。でも、清水小学校同窓会と書いてあります。それで、じっと中のおじいさん、おばあさんを見ていると、昔の面影が顔に出てきました。それは自分の顔です。仏教で諸行無常ということが説かれます。諸行無常という教えが別にあるわけではありません。私が無常ということなのです。

　先ほど、観音さまはサンスクリット（梵語）でアヴァローキテーシュバラといい、アヴァとは「離れる」という意味といいましたが、これは「私が」「おのれが」ということから「離れる」ということです。離れないと、観音さまにならないことを言っています。では、離れるにはどうするのかといいますと、六波羅蜜《ろくはらみつ》という六つの道があると経典に書いてあります。その六つとは、布施波羅蜜・持戒波羅蜜・忍辱《にんにく》波羅蜜・精進《しょうじん》波羅蜜・禅定《ぜんじょう》波羅蜜・智慧《ちえ》波羅蜜です。六つのうち一つでも実行することによって、観音さまの世界に近づきますよと言っているのです。布施とは施しをすること、持戒は戒律を持つ、約束を守ること、忍辱は耐える、少々のことは耐え忍ぶこと、精進は努力し実践すること、禅定は瞑想《めいそう》し心を調えること、智慧は真理を見極める勉強をすることです。

　この六波羅蜜の一番に挙げられているのが布施波羅蜜です。「施す」だけでもよいのですが、上に「布」とあります。広くあまねく告げ知らせるのが布告、広くあまねく教えを広めるのが布教ですから、布施は広くあまねく多くの人に施しをすることです。布施の基本は見返りを求めないものです。これをするから、これこれをしてほしいというのは布施にはなりません。喜んで捨てるということで、喜捨ともいいます。布施とか、施しとかいうと、今日では何だか古臭い、従って見向きもされず、忘れられているものになっているようですが、これほど素晴らしい行いはありません。それは人の悲しみや喜びが私の悲しみや喜びになるということです。ドイツの古い言葉に「人と喜びをともにすると二倍になり、人と悲しみをともにすると半分になる」というのがあります。施しとは一切の報酬を求めず、施す人と施しを受ける人とが平等で対等の位置に立つことです。

　この布施には三つあります。財施、物を施すことです。東日本大震災が起こった翌年から何度も被災地を訪ねて行きました。多い年は三回くらい足を運んだのですが、一番はじめに宮城県の気仙沼にまいりました。そうしましたら訪ねたお寺の信者たちが盛んに財施の話をしていました。大震災があった三月十一日の時分、東北地方はまだ厳しい寒さの中にありました。着る物も食べる物もない。交通が遮断されて物資が届かない。そんな時にアメリカ軍が海上から船でやって来ました。船が大きくて港に着けないと見るとヘリコプターで毛布やらセーターやら食べ物やらを運びました。「トモダチ作戦」と名付けておりました。皆さんも覚えていると思います。「助かりました」と信者さんが口々に言っておりました。これは財施であります。

二つ目は法施。教えを施すことです。私が東北にまいりましたのも仏の教えを話し、信者さんの手を握って、心に寄り添う法施であったわけです。

三つ目は無畏施《むいせ》。危ないところから救い出して、畏《おそ》れや心配を取り除く施しです。観音さまは「怖畏《ふい》急難《きゅうなん》の中に於《おい》て、能《よ》く無畏を施す」とあり、だから施無畏者《せむいしゃ》と呼んでいると『観音経』に説かれています。清水寺の成就院書院には良慶和上が書かれた「施無畏」という額が掛かっていますが、観音さまを言っているのです。

心が和らいで施す

しかしながら、布施といいますと、どうしても物や金銭を施す財施が先に出てきます。わかりやすいからだと思います。では私たちの普通の暮らしの中で財を用いなかったら施しはできないのかというと、そうではありません。『雑宝蔵経《ぞうほうぞうきょう》』に財を損なうことなく施しができると説いています。「無財の七施」といって、七種あると言っています。

眼施《げんせ》。視覚神経は人間のさまざまある脳の神経の中で第一に働くそうです。恐いと思ったら恐れが目に現れます。うれしいと思ったら目にパッと現れます。目は口ほどに物を言うとことわざにありますように、やさしい目つきをすれば、相手に充分にやさしい思いが伝わります。これが眼施です。

和顔悦色施《わげんえつじきせ》。怖い顔ではなく、なごやかな顔色を浮かべ周りの人々に接することです。言辞施《ごんじせ》。温かい言葉の施しです。身施《しんせ》。自らの身をもって助けるのです。床座施《しょうざせ》。座席を気持ちよく譲ります。房舎施《ぼうじゃせ》。巡礼の人に部屋を施すのをいうのでしょうが、部屋をきれいにし花でも一輪飾って人を迎える思いやりが施しになろうかと思います。

ある時、床座施の話をしましたら、ある女性の信者さんが大阪から京都に出てきた時の出来事を話しました。重い荷物を持って電車に揺られていましたところ、前に若い夫婦が楽しそうにしゃべっておりました。「早く席をかわってくれないかなあ」と思っていましたが、なかなかかわってくれません。京都近くになり、やっとその夫婦が「どうぞ」と言って立ち上がりました。「席をかわってくれたのだ」と思い「おおきに」と言って座ったら、夫婦はその駅で降りたのでした。「これも床座施になりますか」と信者さんは尋ねました。それはならないでしょう。やはり布施は少しでも自分の身を削らないことには施しになりません。

　これで六つになりますが、中心になりますのがもう一つの心施《しんせ》です。『雑宝蔵経』は「上の事を以《もっ》て供養すとも、心《こころ》和《わ》善《ぜん》ならずんば名づけて施と為《な》さず」と説いていますように、ほかのどのような施しをするとしても、まず心が和らいでよくなければ布施ではないと言っています。やさしい笑顔を相手に施すにしても、温かい言葉をかけて親切に重い荷物を持ってあげる施しをするにしても、何よりもやさしい思いやりの心がなければならないのです。そのような心の施しをすることによって観音さまの大慈大悲心が芽生えてくるのです。

　先ほどもいいましたが、あらゆる社会現象は私たちの心の反映です。心はすべての発信源であり、根本ということです。皆さんが私の法話会の席に来ていただいているのも、開かれる前の日か二日前か、あるいは一週間前からか、「法話会に行かなければならん」という気持ちが心に起こり、その心が皆さんの体を連れてきたのです。気が付いたら、法話会の席に座っていたということはありません。ですから、信心があれば、無形《むぎょう》の念仏となり、この無形の念仏があの本願寺の大きなお堂をつくるのです。お堂ができたから念仏があるのではありません。念仏が重なって、お堂ができてきます。何もないところから形ができてきます。心がすべての発信源だということです。

遺伝子の働きが変わる

北海道の釧路に行きました時に、幸福駅という駅舎に連れて行ってもらいました。何もない駅舎だけがあるところですが、観光客が来ています。幸福という言葉がよろしいというので、記念の切符をもらいました。特に若い女性がたくさん来ていました。どこから来たのか聞いてみましたら、札幌から来たといいます。「遠いところから来たね」「和尚さんはどこから」「京都から」「もっと遠いですね」といろいろ話しているうちに、「初めてですか」「いや、しょっちゅう来てます」「しょっちゅう来て、どうするのですか」「記念の切符を買います」「いっぺん買ったらいいのではないですか」「いや、しょっちゅう来て、何枚もためてます」というので、不思議だなと思って記念切符をよく見たら、有効期限その日限りと書いてありました。「なるほど、良いことを願おうと思ったら、しょっちゅうやないとあかんなあ」と思いました。良いことを思うのは常に思わないといけません。

思うことは大切なことです。先日、村上和雄先生という筑波大学名誉教授で遺伝子工学の専門家の本を読んでいました。その中に、このように書いてあります。「私たちが日常生活で、こうありたいと思うことにより遺伝子の働きを変えることができる。つまり明るく前向きに考えていると、体も心もその刺激を受けて、いままで働いていなかった良い遺伝子が目覚める。遺伝子の問題であるから、先天的な、どうしようもないと思いがちだが、後天的な要素が大きい」と。宗教家ではなく科学者がこのように言っているのです。私たちの日々の心がけ次第で言動、考え方、日常生活そのものを変えることができると言っています。

心を正常に働かせるためには日々気を付ける必要があります。これは世の中の音をしっかり聞くこと、「世音」を聞くということです。日本にはたくさんの公害病が起こっています。一番恐ろしい公害病は水俣《みなまた》病です。工場廃水の有機水銀を魚介類が食べ、それを人間が食べて水銀中毒を起こしました。水俣病は世界に汚点を残すことになった公害病です。これほど恥ずかしい汚点はありません。原因は有機水銀に間違いないと熊本大学医学部が究明したにもかかわらず、九年間放置していたのです。その裏で高度経済成長がどんどんなされて行きました。「物で栄えて心で滅びる」といいますが、そうではありません。心が滅びて物がたくさんできてきたのです。心が正常に働いていたら、水俣病のあのような悲惨な結果にはならなかったのではないでしょうか。世の中のことを正常に聞いていたら、事態はやわらいでいたのではないでしょうか。聞くことの大切さを思うのです。

聞いているうちに共振する耳施

無財の七施について話しましたが、私はこれにもう一つ加えたいと思います。眼や顔や言葉の施しがあるのに、耳の施し、つまり聞く施しがありません。耳施《にせ》、これを八つ目に加えたいのです。耳を傾け、ひたすら聴いて相手を受け入れ、相手の立場にたって聴くことによって、相手と一体になります。どうして耳施を入れたかと言いますと、ある講演会でのことがあったからです。会場にはたくさんの人が聞きにこられていたのですが、その一番前で最初から最後まで寝ている人がいたのです。私は何とかその人を起こさないといけないと思い、大きな声を出したり、面白い話をしたりして目覚めるように仕向けました。しかし最後の最後までジッと下を向き目をつむっていました。ついに講演が終わった時でした。皆さんが手をたたき始めた時に、初めてその人が顔を上げたのです。目の不自由な方だったのです。私は「悪いことを思っていたなあ。すまなかったなあ」と気付きました。その方は私の話すことを一言も聞きもらすまいと、ジッと聞いていただいていたのだと知ったのです。ハッと気が付きました。私はその方に耳施をしていただいたのだと悟りました。もちろん会場に集まった多くの人も私に耳の施しをしていたのです。無財の七施は何かを働きかけるというものですが、八番目の耳施は何かを受けるというものです。これで能動と受動とがセットになると思います。

耳を通して相手と一体になり、心を共有するのが耳施ですから、これこそ先ほど言いましたドイツの古い言葉「人と喜びをともにすると二倍になり、人と悲しみをともにすると半分になる」行いであります。観音の「観」の私、つまり主観と、私を取り巻く環境や世間の「音」、つまり客観が一つになるということです。

金子みすずの詩に「積もった雪」というのがあります。

上の雪
さむかろな。
つめたい月がさしてゐて。

下の雪
重かろな。
何百人ものせてゐて。

中の雪
さみしかろな。
空も地面《じべた》もみえないで。

人と雪が一体になっています。一体の気持ちになっています。

道元禅師がこんな歌を詠んでいます。

聞くままにまた心なき身にしあれば
おのれなりけり軒の玉水

軒の雨水の音をジッと聞いているうちに、「私が」という私心が消えて、ポトンポトンという音そのものが「私だ」と思えると言っています。互いに共振して一つになっていくということです。聞くことは大切です。黙って聞いていますと、話している人と私とが共振してきます。はじめは違っていても聞いているうちに「そうやな。そうやな」と共感してきます。それが観音さまの「観」と「音」が一体になる大慈大悲心であります。

八戸に慰霊法要に出掛けて

命を受け継ぐ

「承」の字にこめた思い

年末の風物詩であります「今年の漢字」の発表奉納が終わって、あれやこれや慌ただしく過ごしているうちに新しい年を迎え、心も新たに修正会を無事に勤めたと思いましたら、もう二月の修二会ということで瞬く間に過ぎてしまいます。年を取りますと日のたつのがどんどん早くなります。

平成二十九年（二〇一七）の「今年の漢字」は「北」になりました。北朝鮮の弾道ミサイル発射や核実験の実施、国内では九州北部で豪雨があった年でした。発表の時も記者の皆さんに申し上げたのですが、「北」という漢字は二人の人が背中を向け合っている形を表しています。ですから「そむく」とか「にげる」という意味があります。こんなことではいけません。同じ二人の人を表しています「仁」という漢字は互いに親しみ思いやる意味です。仁愛という言葉があります。これが人の本来の姿です。

仏教の教えでは「北方」にとても喜ばしい世界があります。世界の中心には須弥山《しゅみせん》という聖なる山がそびえていて、その東西南北に四つの大陸があると考えているのですが、北にある大陸は寿命千歳の楽土であると説いています。ですから「北州千歳」といいます。これだけの寿命がありましたら、少々日のたつのが早くなっても大丈夫です。

毎年の「今年の漢字」発表は皆さん、テレビでよく見ていますので、法話に招かれて出かけて行きますと、最初に漢字一字を書いてほしいと依頼されます。「北」が「今年の漢字」に選ばれた年の夏、青森県の八戸に招かれました。曹洞宗のお坊さんたちが中心になって東日本大震災七回忌慰霊法要を勤めようというのです。津波の被害に遭われた方々や市民の人たちに集まっていただき、一緒に震災で亡くなられた御霊《みたま》の冥福《めいふく》と被災地の復興を祈ろうとの趣旨であります。法要を勤めてから、法話会が開かれたのですが、その時も最初に一字を書いてから始めました。法要をする主催者が「承」という漢字を選んでいて、これを書いて欲しいといいます。「承」は「うけたまわる」、つつしんで受け継ぎますという意味です。なぜ「承」かといいますと、東日本大震災が起こった翌年に京都府舞鶴の曹洞宗の僧侶が呼びかけて東日本大震災復興応援プロジェクト「縁」というのを始めて、私も毎年一緒になって宮城県気仙沼市や岩手県宮古市、福島県南相馬市、岩手県釜石市と被災地を訪ねまして、法要と法話の手伝いをしました。ところが、その僧侶がちょっと病気になり途切れてしまったのです。八戸のお坊さんたちの思いはそれを受け継ごうという思いだったのです。「承」の漢字に、その心がこもっていたわけです。「承」と大きく書きましたら、八戸のお坊さんの思い、それに舞鶴のお坊さんの心が「この漢字一字にしっかりこもっているなあ」と感じました。このようにして人の思い、心は受け継がれ伝わっていきます。

　八戸での東日本大震災七回忌慰霊法要の続きに隣の県の岩手県花巻市の大迫というところにまいりました。そこは宿場町でありまして、町が開かれてからちょうど四百年になるので記念の講演会があり招かれたのです。その時に花巻市の志戸《しど》平《だいら》温泉に泊まりました。うかがいますと、この温泉を発見したのが清水寺の大本願・坂上田村麻呂公だというのです。今から千二百年前、征夷大将軍の田村麻呂公が東征の際に清水寺から守り本尊として観音さまを受けて烏帽子《えぼし》の中に捧持し苦闘の末にやってきました。連日連夜の厳しい戦いに部下もたくさん傷ついていました。するとある夜、「近くに霊泉がある」という観音さまのお告げが田村麻呂公にあり、確かに豊沢川の川岸の洞窟に温泉が湧いていて切り傷に霊効があったのです。以来ずっと霊験のある温泉として受け継いできたわけです。

　翌朝、ホテルの前にある温泉神社に案内されてお参りしました。近くの人たちもお参りしていて一緒に写真を撮ったりしました。この神社は田村麻呂公が見つけた温泉の洞窟に祭ってあった龍神大明神を遷座《せんざ》したものだそうです。社殿はそれほど大きなものではありませんが、田村麻呂公の部下をいたわる思い、戦いで傷ついた人たちを癒したいという願いを受け継いでいるのだと感心しました。そして田村麻呂公の思いや願いが温泉地の人々の心に受け継がれていっているのだと思います。受け継いでいくというのは大切なことです。

日本独自の仏事・彼岸会

日本の寺院では春と秋の彼岸には法要が営まれます。清水寺でも今回の「平成の大修理」で面目を一新しました阿弥陀堂で彼岸会を勤めております。そして御堂の前で施餓鬼《せがき》供養の受け付けがあり、たくさんのお参りがあります。皆さんもお寺にお参りして、当たり前のように先祖の墓参りに出掛けていっていると思います。おはぎや団子《だんご》をつくり仏壇に供えるのが習わしになっている家も多いでしょう。

このように彼岸の行事は仏教としっかり結びついておりますから、インド伝来の仏教の教えのように思うかもしれませんが、そうではありません。彼岸会はインドにも中国にもありません。日本だけの習俗なのです。調べてみましたら、『源氏物語』に旧暦の二月十六日が彼岸の入りで良い日だといっておりますから、平安時代中頃には「お彼岸さん」がすっかり定着していたことがわかります。そもそも彼岸という言葉は、太陽を崇拝する信仰から、「日の願」が

「日願」になったということです。日本は日の神を天照大神《あまてらすおおみかみ》と崇めていますように、五穀豊穣《ごこくほうじょう》をもたらす日の神を拝んできました。太陽が真東から昇り真西に沈む春分のころは、農作業を始めるころで、恵みの太陽を拝み、祖霊に加護を祈る儀礼が行われてきたのです。それが仏教伝来により、彼岸の日に仏事を行い極楽往生を願うというようになってきたのです。ここには日本人の古代から持ってきた祖霊の信仰、先祖供養の信仰があります。

彼岸会に限らず日本の仏教行事は盂蘭盆会《うらぼんえ》にしても各家庭の法事にしても、亡くなった先祖の供養であります。寺院の遠忌《おんき》においても同じであります。少し前になりますが、親鸞《しんらん》聖人七百五十年遠忌、法然上人八百年遠忌がありました。親しくしております静岡の松蔭寺《しょういんじ》は臨済宗中興の祖の白隠《はくいん》禅師が住持した寺ですが、先ごろ白隠禅師二百五十年遠諱《おんき》が営まれ、私も法要に参列してまいりました。寺院の遠忌は宗祖が亡くなった時を記念しています。生まれた日を記念して祝う法要は四月八日のお釈迦さまの降誕会《ごうたんえ》ぐらいしか知られていません。それもそのはず、各宗派ともたいがい宗祖の忌日を記念して大きな法要を営んでいるからであります。皆さんの家でも「今度はおじいちゃんの二十五回忌や」「おばあちゃんの十三回忌がそろそろやな」とか言って法事をしていると思います。

忌日におじいちゃん、おばあちゃん、あるいはお父さん、お母さんの法事をします時は、亡くなった祖父母や両親を私が現在いるこの場の向こう側に置いて偲び供養します。つまり先祖を対象化しているわけであります。それをちょっと心の方向を変えて考えてみますと、私という存在はお父さん、お母さんの縁がなかったら、いまここにないことになります。そのお父さん、お母さんもおじいちゃん、おばあちゃんの縁があったからこそであるのです。このように私の命は先祖からずっとつながってきて私の中に先祖の命があるのであり、亡くなった祖父母や両親の御霊《みたま》が私の中にあるのです。御霊が私の向こう側にあって、それを対象化して供養するのではないのです。私の中に先祖の御霊があるのですから、亡くなった人を供養するということは私の中の御霊を供養するのと同時に、私の中に生きている命を感得するということです。しっかりと先祖の命を実感することです。

　このところの新聞やテレビのニュースを見ていますと、命にかかわる色々な事件が出ております。そこに感じられるのは命の尊さが軽視されている昨今の風潮です。命に対する感受能力が極端に弱まっているということです。ということは命の実感がないのです。他人の命に対してではなく、自分の命に実感がないのです。つまり私が受け継いでいる命が感得できないのです。仏教はこのことに対して非常に簡潔な言葉で教えています。「人身受けがたし、仏法値《あ》いがたし」と。命あるこの身はそう簡単に受けられるものではありません。まして人としての命を受けた自分の身は稀有《けう》といっていいのです。

何ものにも替えがたい存在

これも平成二十九年秋のことですが、京都でグループホーム協会の認知症全国大会京都大会が開かれました。国立京都国際会館のメインホールにたくさんの人が集まっておりました。開会にあたって記念のお話をしてほしいというので行ったわけです。その時までグループホームとはどういうものであるのか詳しく知りませんでした。そこで私の主治医の先生にグループホームの解説書をもらい読みました。認知症となったお年寄りが家に一人閉じこもったり、あるいは住み慣れた地域を離れて大きな施設や病院に入ったりするのではなく、これまで住んできた親しみのある地域で五人から九人くらいの小さなグループの共同生活を営んで、それぞれ自分ができる家事の役割を持って、介護者に助けられながらも自立した生活を送ってもらおうというものです。ここで何より重視している基本は何かといいますと、一人一人が何ものにも替えがたい存在であるということだと書いてありました。その通りだなと思いました。これはグループホームに限ったことではなく、病院であろうが施設であろうが、一人一人こんなにかけ替えのない尊い存在は他にないというのが基本です。すべてのケアはここから始まるのです。

素晴らしいことです。この基本がなくなったら施設に色々な問題が起こってきます。仏教の考え方に非常に似ているなあと思って、国際会館のメインホールで話をしました。

私も年をとってきましたから、認知症を他人事のように言っていられなくなりました。認知症にも色々なランクがあります。要支援、要介護、そしてそれぞれに段階があります。私も最近よく自坊にいて「眼鏡、どこ行った」と家族に聞きます。すると「お父さん、額についてますがな」と言われます。何か用事を思いついて隣の部屋に入ったら、途端に「何しに来たんやったかいな」と忘れています。もう一度、元の部屋に戻って「ああ、そうやった」とまた隣の部屋に行くことがよくあります。認知症はすべての人の中にあるのです。私には関係ないと対象化して眺めているわけにはいきません。

先ほどは私の命が先祖から代々受け継いできた命だと話しました。この命は地球に生命が誕生した時からずっと命としてつながっているのです。初めて生命が誕生した時の命をずっと受け継いできているのです。非常に貴重な私の命です。同時に私だけの命ではありません。地球上のすべての命がずっと受け継いできた命としてつながっているのです。

それでは仏教でいう心と命はどういう関係にあるのでしょうか。命と心は別々のものではないのです。つまり体と心は一体なのです。仏教で「身心一如《しんじんいちにょ》」といいます。そうしますと、私のこの命は先祖から代々伝わってきている命だといいましたから、私の心はとりもなおさず先祖から代々心として連綿と伝わってきているのです。いただいた私の心の中には生命誕生以来の四十億年の昔の心がちゃんと定着していることになります。ですから大切にしたいと思うのです。

「物を伝える」「物を受け継ぐ」

皆さん、形見分けをしてもらったことはありませんか。「これはお母さんが着ていた着物や」といって分けてもらいます。「これはおじいちゃんが大切にしていた懐中時計や」といって子どもに分けます。キラッと輝く宝石なんかだったりすると、一同の目の色が変わります。先祖代々伝わる家宝ともなれば、争いごとにもなりかねません。このような物にも使っていたお父さん、お母さんの思い、すなわち心が詰まっています。先祖代々の家宝にはその家に伝わる心がこもっているわけです。

こういう品物はたくさんあると思います。台所で使う鍋や釜であっても「これは戦前から使っている物やからな」と子どもに言って聞かせます。しかしながら、最近は消費社会になってますから、すぐに捨てられます。機械でも三、四年もすると、もう古くなって使えなくなります。修理しようとしても電器屋さんが「これは型が古い。買い換えた方が安上がりですよ」と受け付けません。一事が万事、最近は「物を伝える」「物を受け継ぐ」ということが少なくなっています。これによって心も伝わらなくなっているのです。寂しい限りです。

数年前、盂蘭盆《うらぼん》に清水寺の成就院の仏壇にお参りに行きました時に、良慶和上の大奥様から「これは方丈さんが持っていた物だから、一つ持って行ってください」と言っていただいた品があります。以前にも色々とほかの物をいただいています。数珠《じゅず》とか袈裟《けさ》とか、いまも私が大切に使っている遺品があります。今度いただいたのは硯《すずり》です。歙州硯《きゅうじゅうけん》といって、和上が使っていたことがはっきりとわかる硯です。

硯はほとんど自然の石からつくられます。中国の硯石が有名でして、皆さんも端渓石《たんけいせき》は聞いたことがあると思います。広東省高要県に産する硯石です。硯の石材として最適とされています。紫色がかったものや青緑色を帯びたものがあります。見た感じが女性っぽい印象を受けます。昭和六十年（一九八五）に出物だというので端渓硯を買い求めました。高かったのですが、端渓硯を持っていませんでしたので購入しました。いい墨のすり具合です。硯は腐りませんから一生どころか、それこそ子々孫々何代も使えます。

硯は墨汁がたまるところを墨池《ぼくち》と呼び、われわれは俗に海といっています。墨をするところを墨堂《ぼくどう》、こちらは海に対して陸《おか》といいます。硯で墨をすって筆で紙に文字を書くということで、中国では文人が書斎で使う文房具のうち、最も重要な用具として硯・墨・筆・紙を文房四宝と名付け大切にしました。中国は書の国です。漢字は三千年の昔から中国で使われている文字です。その漢字を書くのに最も適しているのが墨と筆です。

　世界には古代文字がいくつもありますが、エジプト文字も古代ペルシャの楔形文字《くさびがたもじ》も使われなくなり消えています。しかし漢字はいまもって使われ、中国、日本、台湾、韓国、昔はベトナムなどの東南アジア一帯までが漢字文化圏でした。そのベトナムと江戸時代の日本が交易をしているのですが、貿易船の絵馬が国の重要文化財として清水寺に残されています。交易の文書を見ますと、相手に宛てた書類は漢文で書いています。おそらく当時の交易では、話す言葉は通じなくても漢文の筆談でやれたのだと思います。江戸時代には朝鮮半島から朝鮮通信使が何度も訪れました。この時も文人同士は話す言葉が通じませんでしたが、筆談で話し漢詩を詠み交わしていました。当時の知識人は相当な漢文学の能力を持っていたのです。もっとも読み方は日本式の訓読だったようです。この訓読のやり方が日本語の基礎になっているのです。ですから日本の漢文学が日本文化の伝統だったことを忘れてはいけません。良慶和上は大変漢文学に堪能《たんのう》でした。

良慶和上が愛用してきた名硯

さて、いただいた和上愛用の歙州硯ですが、これも中国の硯石でつくられています。端渓硯と並び称せられる名硯です。いまの安徽《あんき》省歙県から採れた石を使っています。黒々としていて非常に重い硯石です。端渓硯に比べて男性的です。

やはり硯石は中国産が良質ですが、「では、日本には硯石はないのか」といいますと、いくつかあります。山口県宇部市周辺から産出する赤間石《あかまいし》、山梨県の雨畑石《あめはたいし》、宮城県石巻市雄勝《おがつ》町の海岸から採れる玄昌石《げんしょうせき》といったものが有名です。ところが、近年は良質な石が採れなくなっています。玄昌石は今度の東日本大震災の被害を受けたということです。この前、仙台に行った時に、「石巻にはいい硯石がある」と私が言いましたら、「もう採れなくなった」という答えで「それは残念だ」と惜しんだところ、特別に一つ玄昌石の硯をいただきました。本当に有り難いことでした。

和上の歙州硯をいただき、私は大変うれしく早速に硯箱に一文を記しました。

先師良慶和上愛用歙州硯

平成丁酉盂蘭盆会従成就院拝領襲蔵余不堪感懐矣　宝性院　清範　九拝

（先師良慶和上愛用の歙州硯

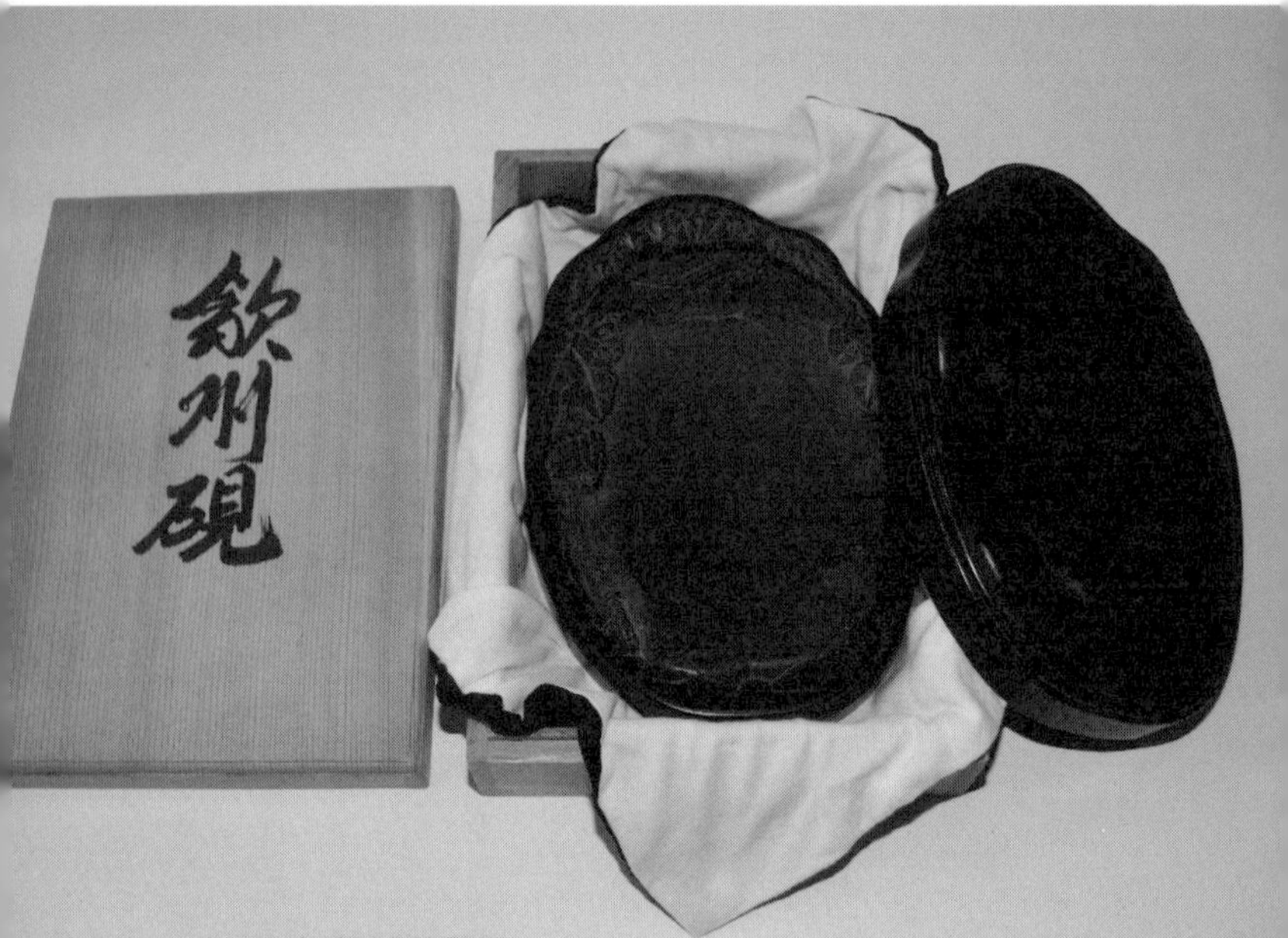

譲り受けた大西良慶愛用の欽州硯

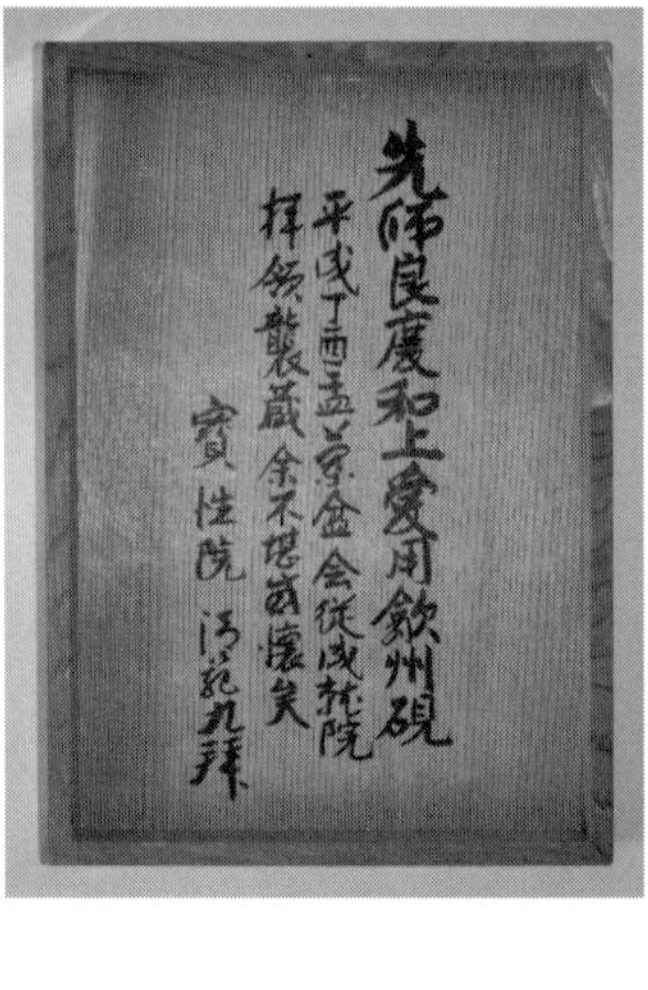

襲蔵し書き記した
欽州硯の箱書

平成丁酉《ひのととり》盂蘭盆会、成就院より拝領し襲蔵《しゅうぞう》す。余、感懐に堪《た》えず。宝性院、清範、九拝）

「襲蔵」という言葉はあまり使わない熟語ですが、歌舞伎役者が名跡《みょうせき》を受け継ぐ時に「襲名」といいますように、「襲蔵」とは先人の大切な品物を受け継いで所蔵します、末永く愛用させていただきます、ということです。そして遺品にこもっています魂を受け継ぎますという気持ちです。歌舞伎役者の襲名も先代の名跡を受け継ぐことで先代の名優の魂を自分の中によみがえらすのです。人が見たら古ぼけた汚い硯かもしれませんが、私には素晴らしい宝物になります。そこに魂があるからです。

ちょっと心の向きを変えただけで、何でもない石が宝になることがあります。自分の心の方向によって世界が変わるのです。鎌倉時代に明恵《みょうえ》上人という学僧が京都の栂尾《とがのお》に住んでいました。この上人はお釈迦さまの熱烈な信奉者でした。紀州（和歌山県）の有田の生まれで、何とかしてお釈迦さまのインドに行こうとして詳細な旅行計画を立てています。一日の行程八里とすると何日というように詳しく調べあげた書類が残っています。計画を立てただけでなくインドに持って行く道具や衣類まで準備しました。本当にインドに渡ろうとしていたのです。ところが、弟子とインド行きの話をするたびに病気になったり苦しんだりしてうまくいきません。明恵上人はまた春日明神《かすがみょうじん》の信者でしたから、うかがいを立ててみますと、「行くべからず」という神託《しんたく》が下り、さすがにインド出発はあきらめました。そのような明恵上人でしたから、故郷の海岸を歩いていて、沖に小さな島を見つけますと渡ってみたりします。そして岸辺で見つけた石を拾い、この石はお釈迦さまの聖地インドを洗っている同じ海の水で洗われたものであり、インドには行けないけれどもインドの石に間違いないと感得して、生涯にわたって石をお釈迦さまと思って拝み離しませんでした。石がお釈迦さまになり、仏さまになるのです。見る方向を変えるだけで見るものが変わるのです。要は見る私が重要なのです。

　ですから先ほども言いましたように、私たちの先祖は遠い向こう側にあるのではなく、ちょっと自分の見る方向を変えると、先祖から受け継いできた命、あるいは心が自分の中にあることが見えてくるのです。

春の「みずの日」のころに

言は心の声なり

親孝行話に由来する竹

清水寺は音羽山の中腹にあり、寺の付近には竹藪《たけやぶ》が結構あります。春にはタケノコが採れます。ところが近年、大型台風が襲来して竹が折れ、荒れてきました。加えてイノシシが出てきて食べられてしまいます。イノシシの鼻は犬よりも何倍も利くそうで、土の中のどこにタケノコがあるのか、すぐにわかるのです。人間が食べる前に掘り起こして食べてしまいます。

柔らかくておいしいタケノコがとれるのは孟宗竹《もうそうちく》です。この孟宗竹という名前は中国三国時代の有名な物語に出てくる人物に由来しています。ご存じの方も多いと思いますが、儒教《じゅきょう》精神に基づいた親孝行の話です。呉の国に孟宗という人がおり、そのお母さんは年老いて病気でした。冬の寒い時に、お母さんがタケノコを食べたいと言ったのです。雪の降る時期にタケノコなどあるわけがないのですが、お母さんが食べたいと言うのですから、タケノコを一生懸命に探しに行きました。雪をはねのけ掘りましたところ、根元にタケノコがあるのを見つけ、採ったタケノコを持ち帰りスープにして食べさせたところ、お母さんの病気がメキメキと良くなって長生きしたということです。それから竹に孟宗の名前が付いたというわけです。

この孟宗竹ですが、道元禅師が中国の宋に渡った時に、子どもが竹の種を持っているのを見て、お母さんの孝行話があるのを知っていましたから、分けてもらって日本に持ち帰り、京都の西山あたりに植えたという伝承があります。祇園祭の山鉾《やまぼこ》の中にも孟宗山というのがあります。山を飾る御神体の人形は孟宗が雪の中でタケノコを掘り当てた姿をあらわしていて、孟宗の親孝行話からとられています。病気が治るくらい、大変栄養分のある食べ物であり、また繊維質もあって体によろしいのです。

私は大学を卒業して京都府八幡《やわた》の圓福寺禅専門道場にしばらくおりました。八幡のあたりは竹藪が多いところです。エジソンが電球を実用化するにあたって長持ちするフィラメントとして八幡の真竹《まだけ》を使って成功した話は有名です。太くて丈夫な繊維がちょうど良かったのです。いま石清水八幡宮の境内にエジソンの記念碑があります。現在では住宅になってしまいましたが、八幡はとにかく竹藪ばかりでした。私が専門道場に行ったころには「八幡の藪知らず」という言葉がありました。竹藪ばかりが広がっていますから、自分が竹藪に入っているのに藪に入っていると気が付かないのです。というわけですから蚊が多いのです。藪蚊《やぶか》です。真っ黒になるくらい寄ってきます。夏の禅堂は戸を閉めたりしません。堂内は蚊がウヨウヨしています。それでも雲水はジッと座っています。蚊がやって来て食うものですから、かゆいの何の。それでも我慢しないといけません。さながら我慢大会です。大きな息をすると、息と一緒に蚊が口に入るくらいです。

清水寺の竹藪は境内の周辺部が多いのですが、境内となりますと桜と楓が多くなります。タケノコのころは桜が咲きます。清水寺の桜は以前にも話しましたように有名です。春先には寺務所によく電話がかかってきます。遠方の人から「どうですか、もう桜咲いてますか」と尋ねてきます。「いやいや、まだつぼみ固いです」と返事しますと、「もう新幹線の切符を買うてます。ホテルの予約もしてあります。何とかなりませんか」と言うのです。何とかならんかという気持ちはわかりますが、そういわれても桜の木の下から温めるわけにはいきません。

『万葉集』にはおよそ四千五百首の歌が収められています。その中で梅の歌は百十九首あるのに対して、桜は三十九首しかありません。奈良時代までは梅が桜より珍重されていたのです。遣隋使や遣唐使が中国大陸に渡って勉強に行った時に、薬として梅を持ち帰ってきました。そして植えられた梅の花を中国に倣《なら》って観賞するようになりました。中国では梅が貴ばれ、文人に愛されてきたのです。四君子といって竹・蘭・菊、そして梅を気品が高いものとして画題に好んで描いてきました。寒い時に凛《りん》と清楚《せいそ》に咲く梅はいいものです。

しかし、今や花といえば桜が主流で、人気があります。桜は一遍にパッと咲いて、大変豪華でありますし、また散る時は一度にサッといさぎよいです。日本人には無常観があり、桜は無常観を表している花として日本人に好まれてきました。

　敷島の大和心を人問はば
　朝日に匂ふ山桜花

本居宣長はこう日本人の心を詠んでいるわけであります。

清水をゆかりとする寺々

清水寺の桜がちょうど咲くころの四月三日は「みずの日」ということで、全国に九十カ寺ほどあります清水寺（きよみずでら・セイスイジ）から有志寺院が集まって水の法要を営んでおります。

　これは三十年ほど前に島根県安来の清水寺で第一回全国清水寺ネットワーク会議を開いて、以来、「清水」の名をいただいているお寺が年に一度集まって命の根源の水に讃仰《さんぎょう》する法要を厳修しようということになったのです。といいますのは、安来の清水寺は千四百年余の歴史がある古い寺ですが、その本堂を解体修理するというので床をめくったところ、井戸が見つかり、水がコンコンと湧いていたのです。以前から本堂の石垣から水がしみ出ていて、なぜこのようなところから水が出てくるのか不思議に思っていたそうです。井戸水は仏さまに供える閼《あ》伽《か》水《みず》であったのです。ところが、なぜか六百年前に蓋《ふた》をしてしまったわけです。安来の清水寺と西国三十三番札所二十五番の播州清水寺（兵庫県加東市）とは住職が親戚でして、十六番札所の私どもの寺に電話がかかってきて「安来の清水寺に井戸が出て来た。いっぺん見に行きませんか」とお誘いを受けました。「行こか」ということでまいりましたら、大変きれいな水です。まさしく仏さまにお供えする閼伽水です。ひと口いただきました。良い水です。そこで本堂の修復が完成した時に全国の清水寺に呼びかけ「落慶法要に参加させてもらおうと思うがどうか」とアンケートしましたら、是非とも参加させてほしいということになりました。三十カ寺ほど集まり、それぞれ自分の寺の水を持ち寄り一つに合わせて仏さまにお供えし勤行《ごんぎょう》いたしました。そこで話し合いが持たれ、全国清水寺（きよみずでら・セイスイジ）ネットワーク会議を設立し、四月三日の「みずの日」には京都清水寺に集まろうということになったわけです。

安来の清水寺には何回かお参りさせていただきました。天台宗の寺でして、比叡山延暦寺の山田恵《え》諦《たい》猊下《げいか》が元気な時に一緒になり、昼ご飯をともにいただきました。サンドイッチと寿司が出てまいりましたので、私が「猊下、サンドイッチをおとりしましょうか。それともお寿司をおとりしましょうか」と申し上げますと、「両方いただきましょう」と返されまして「これは一本やられたなあ」と思っておりました。すると山田猊下が「清水さんは酒党ですか、それともビール党ですか」と尋ねられました。そこで、すかさず「はい、両方いただきます」と返事をいたしました。えらい生意気なことを言ってしまったと今になって反省しています。

山田猊下はお酒の熱燗《あつかん》が好きでした。それも大変熱い燗が好みで、銚子《ちょうし》が持てないくらいの熱さでした。「山田燗」という名前がついているくらい有名でした。パーティーに出席する時には必ずそのような熱燗が用意されていました。

水は命の源であり、魂がある

さて、このようにして毎年四月三日にネットワーク会議の水の讃仰法要が京都の清水寺で営まれていますが、法要の御宝前にはミネラルウォーターのペットボトルが大量に供えられております。コカ・コーラボトラーズジャパン、アサヒ飲料、キリンビバレッジ、サントリーホールディングス、アクアインターナショナルという日本の有名な清涼飲料水の各会社から奉納していただいたものであります。大変有り難いことです。法要が終わりますと、このペットボトルをお参りの人たちに配ります。法要に出仕の和尚さんや随喜《ずいき》の信者さんが本堂の南廊下に並んで「命の水です」といって無料で手渡します。突然のことで、お参りの人はビックリしてい

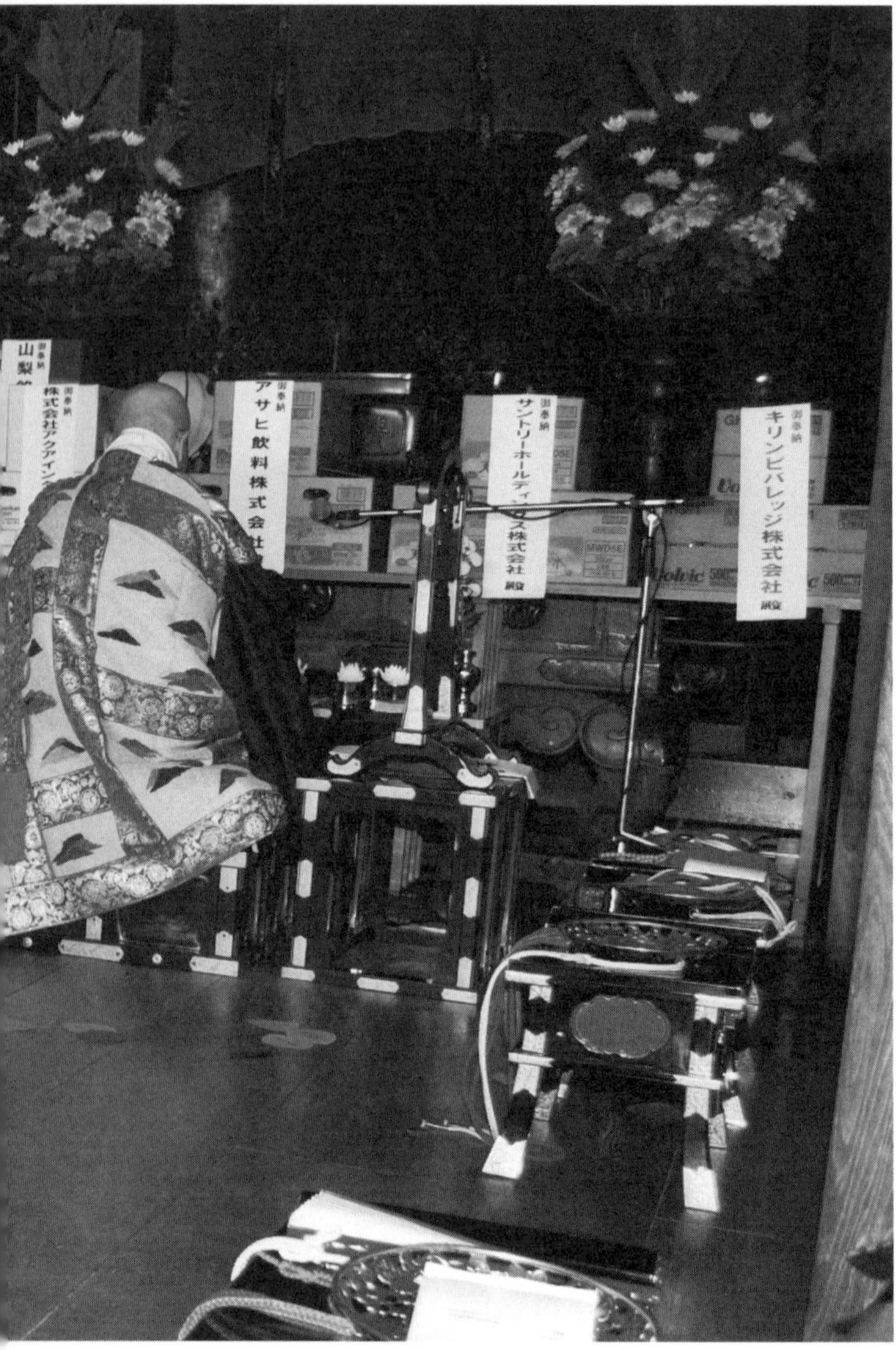
御奉納
アサヒ飲料株式会社
御奉納
キリンビバレッジ株式会社
殿

ミネラルウォーターを供えて営む
「みずの日」浄水讃仰法要
（清水寺本堂、平成29年4月3日）

ます。併せて出仕の和尚さんが鉢を持って托鉢《たくはつ》をします。和尚さんは天台宗、真言宗、曹洞宗と宗派はいろいろですが、それぞれの宗派の衣を着けて一緒に並んでお参りの人たちに喜捨を呼びかけるのです。そのお金をお釈迦《しゃか》さまの国インドに贈って井戸を掘ろうというのです。すでに何カ所かに井戸ができています。インドの水事情の悪い場所では子供が水を汲みに行く仕事で学校にも行けないと聞いています。短時間の托鉢ですが、十万円ぐらいのお金が集まり、それに和尚さん方のカンパを加えて贈ります。

水がなかったら、われわれはもちろん生きていけません。水には魂があります。命があります。ですから人の死に際に口にふくませる「末期《まつご》の水」は、あの世に生まれ変わる復活の水です。相撲の「水入り」も試合の中断ということではなく、もう一度力士をよみがえらせる意味がこめられています。

何度も紹介していますように、私たちの清水寺は千二百年前、奈良の子島寺《こじまでら》におりました延《えん》鎮《ちん》上人が水を求めて、この地にたどりついたことが始まりです。ある日、夢のお告げで北に向かうように導きを受け、木津川を下って淀川に出ますと、黄金の水の流れを見つけました。金色水の源を求めて川をさかのぼり、着いたところが音羽の滝であったわけです。そして、この地で滝行《たきぎょう》をしていた行叡《ぎょうえい》居士に出会いました。行叡居士は延鎮上人が来るのを待っていたと申され、この地と観音菩薩像を造る霊木を授けて、自身は東へと旅立って行き、ついに天へと飛び去っていったと縁起にあります。行叡居士が住み、その後を延鎮上人が居住したところが音羽の滝の上にあります現在の奥の院のあるところです。つまり滝水がすべての始まりであるわけです。

仏教では水を閼伽《あか》といいます。サンスクリット（梵語）のアルがからきています。価値あるもの、神仏やお客さまに供える水という意味です。お釈迦さまの時代から使われてきた言葉が今日の日本に生きているのです。仏さまに供える水は閼伽水、その水を汲む閼伽井、供える水の器は閼伽坏《つき》といいます。

地球は水の惑星といわれます。世界地図をひろげてみてもわかりますように海水でおおわれています。七〇パーセントは海です。しかし、海水は飲めません。壇ノ浦で平家一族が源氏と戦い滅亡した時、死に水に海水を飲んだら、清水だったという話がありますが、われわれの日常生活の飲み水は真水であり、日本は豊かな真水の恩恵を受けている国です。お蔭で樹木が育ち、作物が稔り、そして多種多様な生き物が育っています。私たちは日ごろ水に対してあまり関心を払っていませんが、水がなかったら大変なことです。水は命の源であり、水に命があるという信仰をいだいてきました。

「天上天下唯我独尊」の教え

水だけではありません、すべてのものに命が宿るのです。これがわれわれ東洋人の考え方です。オリエントでも同じような信仰があります。万物に霊魂があるというアニミズムの信仰であります。西欧人はアニミズムを高等な宗教でないと見ていますが、それは立場が違うだけです。日本の仏教はすべてのものに命が宿り、仏が宿り、成仏すると考えます。したがって仏教の根本思想は命の思想であると私は思っています。その中身の理論として縁起《えんぎ》論と仏性《ぶっしょう》論がありますが、要はすべての命あるものがともに生き、ともに老い、ともになくなっていくという命の思想が仏教思想であると考えています。命の尊さ、命の平等さを結論として人の心を順々に説いているのだと思います。

四月八日はお釈迦さまの誕生日ということで、清水寺でも降誕会《ごうたんえ》、花祭りが営まれます。お釈迦さまは誕生の時に「天上天下唯我独尊《てんじょうてんげゆいがどくそん》」と言われたといいます。おそらく生まれてすぐにということではなく、生まれて亡くなられるまでのお釈迦さまの教えをすべて統合しますと「天上天下唯我独尊」ということになるということです。この地球上において人間を支配する絶対者はいないし、人間を弱らせ堕落《だらく》させる悪い神もいないし、天上天下に一人ひとりの尊い存在だけがあると言っているのです。つまりはすべての命の尊さをお釈迦さまはおっしゃったのです。それが「天上天下唯我独尊」という言葉です。

　清水寺でも毎年、四月八日は本堂の西車寄《にしのくるまよせ》に花に飾られた花御堂《はなみどう》を安置しまして法要を営み、それから誕生仏に甘茶を注ぎます。お参りの皆さんにも甘茶《あまちゃ》をふるまう接待をしますが、「花祭りやな」とたくさんの人たちが気付いて誕生仏に甘茶を注いでいます。誕生仏はお釈迦さまがお生まれになった時の姿ですから裸です。ここから勝負事で負けて、すってんてんの無一物になることを御釈迦《おしゃか》といいます。品物をつくりそこなってすっかり駄目になるのも御釈迦になるといいます。えらいところにお釈迦さまが引っ張り出されてきたものです。釣りに行って一匹もとれなかった時は坊主《ぼうず》といいます。坊主筆はすり切れた筆のこと、はなたれ坊主、あかんたれ坊主、それから元手なしの坊主丸儲《まるもう》けというように、坊主もあまりいい言葉に使われません。

　先ほども言いましたように命の尊さ、命こそ仏であるということを結論として、順々に人の心を説いているのが仏教でありますが、紀元前五世紀にお釈迦さまがお生まれになって原始仏教団が生まれ、それから小乗仏教、大乗仏教などさまざまな思想がおこってきましたけれども、根本のところは同じだと思うのです。清水寺の宗旨であります法相宗は大乗仏教の瑜伽行派《ゆがぎょうは》という教えであります。唯識派《ゆいしきは》ともいって極めて唯心的な考え方をします。物が先か、心が先かといいますと、すべては物が先にあるのではなく、心が先にあるのだといいます。

中国宋代の禅僧が編集した公案集に『無門関《むもんかん》』というのがあります。その中に「風《かぜ》に非《あら》ず幡《はた》に非ず」という話が載っています。寺で説法があるというので始まるのを待っていた二人の僧が、寺のそとにパタパタ揺れ動いている幡を見て議論を始めました。一人の僧は「幡が動いているのだ」と言いました。もう一人の僧は「風が動いているのだ」と言いました。二人は互いに主張し合って譲りません。そこに禅僧がやってきて「幡が動いているのでもない。風が動いているのでもない。それはお前さんたちの心が動いているだけだ」と言ったというのです。公案集ではさらに話が続くのですが、極めて唯心的な考え方をしています。

もちろん心のみがあるという唯心論ではありません。結局のところ、心の存在もまた夢のごときもの、幻のごときものです。このような立場が先ほども言いましたように四、五世紀ごろのインドにおこってきた瑜伽行派、あるいは唯識派といわれる仏教の考え方であります。やがて中国に伝わり法相宗となり、日本にも伝来して、私どもの教義となっているわけです。

それでは人間の体はどうなっているのでしょうか。体と心は不二《ふに》であります。身心一如《しんじんいちにょ》であります。身も心も一体であるわけです。ですから心だけ取り出して分析するのは事実上できないことなのですが、無理を承知で机の上に心を置いて説こうとしているところがあります。

身心一如、『離魂記』の物語

中国の唐代の伝奇物語に『離魂記《りこんき》』というのがあります。娘の魂が体を離れていく話で、先ほどの禅の公案集『無門関』の中にも「倩女離魂《せんじょりこん》」という問答になって取り入れられています。倩女というのは中国の衡州《こうしゅう》で役人をしています張鎰《ちょういつ》の娘さんの名前で、倩娘《せんじょう》といったのです。大変美しい娘さんでした。また張さんには王宙《おうちゅう》という甥がありまして、幼い時から賢くていい男でしたから「将来は倩娘と結婚してくれ」と言っていました。というわけで二人は許嫁《いいなずけ》として成長し、お互い心の中で深く愛し合っておりました。

ところが、中央政府に抜擢《ばってき》されそうな有望な人物が求婚してきたのです。張さんはあっさり許可してしまいました。倩娘はふさぎ込んでしまうし、王宙は怒って中央の官吏試験を受けると言って船に乗り旅立っていきました。日が暮れてある山城に着き、夜中に岸に何者かがやってくるのが見えました。目を凝らしますと、何と倩娘でした。家出してきたというのです。王宙は大喜びで船内に倩娘を隠して蜀《しょく》というところに駆け落ちしました。

五年一緒に暮らし男の子が二人生まれました。倩娘は両親に不義理をしてしまったことを悔いていました。そこで王宙は倩娘と子どもを連れてまた船で衡州に帰り、港に倩娘を残し、王宙が先にひとりで張さんのところに行き、「お久しぶりです。誠に無礼なことをしました。勝手に結婚してしまいました」と謝りました。すると張さんは「何を言っているのか。倩娘は部屋にいる。五年前に病気になり、ずっと寝ている」というのです。王宙が「そんなはずはない。港にいる」というものですから、それでは二人の倩娘を会わせようと会わせたら、うれしそうに笑い、シューっと一つになってしまいました。つまり部屋にいたのは体、王宙と五年間一緒に暮らしたのは心であったのです。体と心は一如でありますが、心の現れが私たちの姿であると仏教では説くのです。

　私たちが言葉を述べても、書物を書いても、みな心の現れということです。昔から「書は人なり」と言われ聞いてきましたが、その出典が私にはわかりませんでした。最近、ほかのことを調べていて、中国・漢の学者であります揚雄《ようゆう》が『論語』にならって書いた『法言《ほうげん》』に「言は心の声なり。書は心の画なり。声画形《あら》われて君子小人見《あら》わる」と述べていることを知りました。言葉は心の声だといいます。あなたが言っている言葉は、あなたの心が言っている声です。書物は心が文字の形にしているのだといいます。文章はあなたの心が書いているのです。ですから、その心の声や文字が表現されてきますので、ただちに君子であるのか小人であるのかがはっきりと明らかになると大変厳しいことを言っています。これで私は「書は人なり」という言葉がどこから生まれてきたのかわかりました。しゃべるにしても、文章を書くにしても、そこにその人の心が出てくるのです。人前で話すのはこわいですね。その人の心が出てくるわけです。怖ろしいですが、法話しないわけにはいきません。書を書かないわけにはいきません。

皆さんも気を付けてください。ものを言うのも、手紙を書くのも、書を書くのも、すべて皆さんの心が現れてきます。正直なものです。

私たちはついうっかりしていて意識していませんが、日常の一つ一つに私たちの心が出ているのです。話を聞くというのも、そうです。受け身だから、そんなことはないと思っていませんか。耳が聞いているのではないのです。心が聞いているのです。ですから、話をどう捉えるのか、その人の心の力量にかかっているわけです。話をしている私のせいではありません。聞いているあなた次第です。

ホテルのインタビューを受けて

東山の文化に抱かれ

大沢悠里さんとのご縁

福島県三春町にあります三春滝桜《みはるたきざくら》は樹齢千年という枝垂れ桜です。日本三大桜に数えられており、天然記念物の名木です。その子孫木が清水寺の境内の南丘に植えられておりますが、東京の赤坂にも子孫木があります。五年前の春に用事があって赤坂に行きましたら、見事に咲いておりました。

用事といいますのは、滝桜の子孫木を見に行ったのではありません。赤坂にＴＢＳラジオの放送局があり番組に出演するために行ったのです。ＴＢＳはご存じのように大阪では毎日放送が系列の放送局でありますが、関西の人はＴＢＳラジオといってもなじみがないと思います。そのＴＢＳラジオで三十年間、平日朝八時半から午後一時まで、大沢悠里《ゆうり》さんというパーソナリティがおしゃべりをする番組がありました。「大沢悠里のゆうゆうワイド」といいます。毎日約二百万人が聞いている有名な番組でありました。それこそ料理している人から、病院に入っている人から、車を運転している人から、本当に幅広い人たちが聞いていたそうです。大沢さんはＴＢＳラジオの「午前の顔」になっていました。

清水寺の平成の御開帳では、スタジオを本堂外陣《げじん》に持ってきて実況中継で放送したいと申し入れてきました。というわけで、私も番組に出演しまして、一時間ほど大沢悠里さんとお付き合いし、おしゃべりをしました。それでご縁ができて私が赤坂のスタジオに行って出演したこともあります。

五年前の番組出演はその「大沢悠里のゆうゆうワイド」が終わるというので、寺のことを話すのも最後になりますので招かれて行ったわけです。昭和六十一年（一九八六）四月の放送開始から三十周年になるのを区切りにしようとしていたのです。大沢さんと話していて、以前にスタジオで話したことが思い出されました。ちょうど神仏霊場会が設立された時でした。西国の有名神社と寺院が、それこそ神も仏も相寄り宗教や思想信条を超えて人心の平安や世界の平和を祈願しようというので巡拝の道を定めました。これは神も仏も仲良く歩んできた日本の神仏習合の伝統にのっとったものです。巡拝の道は特別参拝の伊勢神宮を起点に行います。というわけで霊場会の発会式もお伊勢さんでやりました。お寺の坊さんが百人ぐらい、神社の神主さんも百人ぐらい集まり、僧侶は法衣を着て、神主さんは神事服を着て、五十鈴川《いすずがわ》で身を清めてから、お伊勢さんにお参りさせていただきました。坊さんと神主さんが並んで歩いて行く姿を見て、皆さん、「なんや妙やな」という顔をしていました。

赤坂のＴＢＳラジオまで行って番組出演したのは、この神仏霊場会のことを喧伝《けんでん》したいと思ったからです。スタジオにまいりますと、当時「大沢悠里のゆうゆうワイド」の女性パートナーとして五月みどりさんがおりました。歌手で女優ですから、大変きれいな人です。最終回に出演した時、私が五月さんを思い出して「きれいな方でしたね」と言いましたら、大沢さんも「そうですね」とうなずいていました。大沢さんは昭和十六年二月の生まれということでしたから、私と同学年です。五月さんもだいたい同じ年ごろですので、三人とも体験が似通っているのです。戦争をくぐり抜けて、終戦間もないころは少年少女の年代ですが、物がなくて苦しい時代を過ごしました。ですから、番組の中でも「あのころは、こんなことがありましたね」「そうでした」と昔話が結構盛り上がりました。

三十周年で区切りをつけた「大沢悠里のゆうゆうワイド」ですが、現在では週一回の土曜日版が続いています。平成の御開帳以来、毎年暮れに清水寺から電話で出演するのも相変わらず続いています。

比叡山から稲荷山までの東山

「大沢悠里のゆうゆうワイド」に出演しますと、当然のことながら清水寺や近くの京都のことが話題になります。そのたびに身びいきながらも「京都は東山あたりがいいなあ」と改めて思ってしまいます。

清水寺の近くにフォーシーズンズホテル京都がオープンするに当たって、インタビューを受けた時もそうでした。そのホテルは天台宗の門跡寺院であります妙法院の横にできたのですが、東山のふもとに位置することになり、京都市全体のことでしたら市長さんにインタビューに行くのでしょうが、ホテルができる東山について特に話を聞きたいというので、私のところにインタビューの依頼が回ってきたのです。一人か二人が訪ねてくるのだと思っていましたら、広報の人とか十人余りが訪ねてこられて「私たちはこの度、東山に出てまいりました。京都の東山とはどういうところでしょうか」と尋ねられ、改めて東山一帯のことを振り返ることになり「やはり京都は東山あたりがいいなあ」と思ったのです。

「布団《ふとん》着て寝たる姿や東山」といわれます。服部嵐雪《らんせつ》が詠んだこの句のように、京都の街中から東を眺めますと、ゆるやかな山並みが続いております。東山三十六峰といいます。北は比叡山に始まり、御生山《みあれやま》、赤山《せきざん》、修学院山と順々に続いて、南は伏見稲荷大社が鎮座します稲荷山までが東山であります。この中には清水寺があります清水山もあります。音羽山とも呼ばれています。こちらは清水寺の山号になっています。行政区の東山区は狭い範囲ですが、東山というのは鴨川から東の方の一帯となります。平安時代は洛外といわれておりました。

ご承知のように平安京は延暦十三年（七九四）に京都の地に遷《うつ》ってきました。そして、政治の中心となります宮城が現在の中京区千本通丸太町あたりに造られました。いま訪ねていきますと、大極殿遺址《だいごくでんいし》という立派な石碑が建っている小さな公園があります。その近くに天皇の住む内裏《だいり》がありました。現在の京都御所からしますと、西の方にあったわけです。それが鎌倉時代の終わりに、後醍醐天皇が倒幕のために京都を出て行きましたので、鎌倉幕府の要請を受け光厳《こうごん》天皇が元弘元年（一三三一）に土御門《つちみかど》東《ひがしの》洞院殿《とういんどの》で即位し里内裏《さとだいり》としたのが京都御所の始まりです。里内裏というのは内裏が火災などで使えなくなって貴族の邸宅などを天皇の御所としたものですが、土御門東洞院殿はもともと何度も里内裏となったことがある邸宅です。

さて平安時代の宮城から南に大路が通っていまして、これが朱雀大路《すざくおおじ》ですが、都の南の門にドンと行き当たります。羅城門《らじょうもん》です。いまでも東寺の西に地名が残っており、ここにも石碑が児童公園に建っております。この朱雀大路が都の中央の通りになりますが、天皇がおります内裏から見て、朱雀大路の右が右京、左が左京です。右京は中国の都の長安に、左京は洛陽になぞらえて造られました。最初は右京も左京も整然と町が造られていったのですが、時代がたつにつれて右京がさびれて、左京が栄えていくことになりました。こういうわけで平安京は左京の洛陽が残りましたから、京都は洛陽と呼ばれるようになりました。いまでも京都に来ることを入洛といいます。洛陽に入るというわけです。平安京は鴨川の西側までで、鴨川から東は洛外ですが、だんだんと鴨川を越えて発展していきまして、岡崎辺りには次々と大きな寺院が建てられましたし、平家一門が邸宅を構えたのも鴨川の東、清水寺に近い六波羅《ろくはら》一帯です。それで鴨川の東一帯も含めて洛陽と呼んだりしました。後白河法皇が定められたと伝わります洛陽三十三所観音巡礼は鴨川を挟んで両岸一帯の観音霊場の寺院をお参りします。また現在でも熱心なお参りがあります洛陽六阿弥陀詣りは鴨川の東にあります真如堂《しんにょどう》、永観堂、清水寺、安祥院《あんしょういん》、安養寺と鴨川の西の誓願寺《せいがんじ》の六カ寺を巡ります。いずれも頭に洛陽とありますのは、こういう理由によるのだろうと思います。清水寺のこのあたりも洛陽と呼んでいいのです。

名だたる神社と寺院が建つ

以上のようなわけで東山は、山としては比叡山から稲荷山まで、地域としては比叡山の麓《ふもと》の八瀬あたりからお稲荷さんの鳥居前あたりまでを指しています。なだらかな山並みに沿って広がる地域ですから自然環境が大変よろしい。

ここにあります有名な神社を一社、二社と数えていきますと四十社ほどになります。比叡山に近い三宅八幡宮や鷺森《さぎのもり》神社、吉田神楽岡に鎮座します吉田神社、明治時代に平安奠都《てんと》千百年紀念祭で創建されました平安神宮、全国の祇園信仰の中心であります八坂神社や稲荷信仰の頂点であります伏見稲荷大社、豊臣秀吉を祭っています豊國神社、テレビによく登場してきます祇園の辰巳《たつみ》大明神や安井金比羅宮《やすいこんぴらぐう》、清水寺本堂の背後にあります地主《じしゅ》神社というように有名な神社がたくさんあります。小さな神社も入れたら数えきれないでしょう。

大きなお寺もたくさんあります。日本の仏教は奈良仏教、平安仏教、鎌倉仏教に区分することができると思います。奈良仏教は南都六宗といわれます。六つあるうち、現在三つに本山があります。法相《ほっそう》宗は興福寺と薬師寺、華厳《けごん》宗は東大寺、律宗は唐招提寺です。倶舎《くしゃ》・三論・成《じょう》実《じつ》の三宗は学問は残っていますが、寺が残っていません。この奈良仏教の法相宗を受け継いでいるのが清水寺です。京都には奈良仏教の寺が少なくて、京都の街中にあります壬生寺《みぶでら》が律宗です。ともかく東山に奈良仏教の寺があるわけです。

平安仏教は天台と真言です。天台宗は比叡山延暦寺が総本山です。格式の高いことで知られます天台宗五門跡のうち曼殊院《まんしゅいん》、青蓮院《しょうれんいん》、妙法院の三つが東山にあります。さらに真如堂の名で親しまれております真正《しんしょう》極楽寺は天台宗の大寺です。それから、もと天台宗寺門《じもん》派三門跡の一つでありました聖護院《しょうごいん》門跡は本山修験《しゅげん》宗の総本山です。一方の真言宗は泉涌寺《せんにゅうじ》と智積院《ちしゃくいん》が大本山です。
鎌倉仏教といいますと禅宗、浄土宗、浄土真宗、法華宗です。禅宗は臨済宗に属します南禅寺、建仁寺、東福寺がいずれも大本山です。浄土宗は知恩院も永観堂禅林寺も総本山でありますし、黒谷の金戒光明寺《こんかいこうみょうじ》も百万遍《ひゃくまんべん》知恩寺も本山です。真宗は西本願寺、東本願寺、仏光寺、興正《こうしょう》寺のいずれもが東山に本廟《ほんびょう》を置いています。法華宗では「関西《かんさい》身延《みのぶ》」と呼ばれています妙伝寺、そして頂妙寺も要法寺も本山ということで、東山には奈良仏教から鎌倉仏教まで全部そろっています。大きな寺だけでも四十カ寺ぐらいになります。塔頭《たっちゅう》なども入れたら百を超えるでしょう。

宗教ばかりではありません。四条大橋の東詰めには歌舞伎の殿堂であります南座があります。世阿弥が能を大成する機縁になったのは新熊野《いまくまの》神社での猿楽《さるがく》奉納だったそうで、それを見た室町幕府三代将軍の足利義満に引き立てられたのです。いま境内に林屋辰三郎先生が由来を書いた記念碑が建っています。室町幕府といえば、八代将軍足利義政が東山山荘を築いて、ここを中心として武家と公家、禅僧などが集まって、日本の庭園や茶の湯、立花《りっか》などの生活文化を大いに発展させました。そして、これが各地に伝播《でんぱ》して日本の伝統文化を育てていったのです。ご存じのように東山文化と呼ばれています。その東山山荘がいまの銀閣寺になっています。

芸能・文学・陶芸と清水寺

清水寺はいま世界遺産に登録されていますが、このような文化豊かな東山とともに歴史を刻んできたことに大きな意義があると思います。仏教の面だけではなく、清水の舞台で能や狂言など、いろいろな芸能が奉納され発展してきました。日本の古典文学にも清水寺がたくさん描かれています。『源氏物語』にも登場しますし、『枕草子』には十回ぐらい出てきます。ということは清少納言はかなり頻繁にお参りしていたことになります。謡曲では名曲の『熊野《ゆや》』や『田村』『盛久《もりひさ》』『経書堂《きょうかくどう》』『花月』など清水寺が舞台になっています。三十周年区切りの「大沢悠里のゆうゆうワイド」に出演した時は桜の季節でしたから、「いまごろは能の『熊野』がふさわしいですね」と話してきました。平宗盛《たいらのむねもり》に寵愛《ちょうあい》されています熊野が宗盛に伴われて清水に花見に訪れる筋書きです。室町時代の御伽草子《おとぎぞうし》にも、江戸時代の浄瑠璃《じょうるり》や歌舞伎、さらには落語の中にも清水寺が出てきます。このような寺は珍しいでしょう。そこには観音さんの普《あまね》く広い救いの信仰があるからです。これを「観音普門《かんのんふもん》」といいます。千二百年、脈々と庶民の観音信仰が続いているのです。

芸能や文学だけではありません。陶芸の清水焼もあります。今日でいえばブランド品です。京焼・清水焼の祖は野々村仁清《にんせい》と尾形乾山《けんざん》です。この二人の陶祖の顕彰碑が清水寺南苑にあります。

仁清は清水寺に近い粟田《あわた》で陶法の修行をし、丹波（京都府）で茶壺《ちゃつぼ》をつくっていた壺屋清右衛門という人でしたが、やがて仁和寺門前に御室窯《おむろがま》を開き、仁和寺の仁と清右衛門の清をとって仁清を名乗り、非常に優雅で美しい色絵《いろえ》京焼をつくりました。仁清は江戸初期の人ですが、尾形乾山は江戸中期の陶工です。京都の豪商でありました雁金屋《かりがねや》宗謙の三男で、尾形光琳《こうりん》はお兄さんです。仁清に焼き物の技を習って新しい絵付けの京焼をつくり、殊に光琳が絵付けした合作は大いにもてはやされました。

清水焼はもともと東山にいくつかあった焼き物の窯の一つで、金閣寺の住職、鳳林承章《ほうりんじょうしょう》が書きました日記『隔蓂記《かくめいき》』の寛永二十年（一六四三）のところに「清水焼の建水《けんすい》」と出てくるのが最初ですが、清水寺の本寺であります奈良興福寺の一乗院門跡の宮様に清水焼の香箱を持参していったことが一乗院の日記に出てきますように、当時は土産物品というようなものではなく高級品だったようです。そして、仁清や乾山が編み出した京焼を受け継いで大いに発展を遂げ、ブランド品になったのです。

さらに江戸時代も後期になりますと、京都の焼き物の一大産地となり、高級品に加え大衆的な土産物品もたくさんつくられます。京都には有名な寺がいくつもありますが、寺の名前を冠した焼き物が今日もつくられているところは他にないでしょう。焼き物の本を読んでいましたら、佐賀藩が藩直営の御用窯で鍋島焼《なべしまやき》をつくりましたが、窯跡から「清水」と書いた陶器が見つかっているそうです。清水焼の写しも焼いていたのではないでしょうか。間違いなくブランド品だったのです。

仁清・乾山の陶祖顕彰法要

このように東山一帯は宗教の面でも、芸能や文学の面でも、美術工芸の面でも本当に豊かな文化をはぐくんできたわけです。そして、人々が楽しみに集まってくる行楽の地としても発展してきました。清水寺はそのような東山に抱《いだ》かれて千二百年の歴史をたどってきたことになります。「大沢悠里のゆうゆうワイド」に出演した時も、こんな東山を大いに紹介し宣伝しておきました。「もう少しで桜が咲きますから、京都に来ておくれやす。京都に来たら、どこに行ってもよろしいが、東山の清水寺を忘れたらあきません」と言ったわけです。

先程、清水焼のところで清水寺の南苑に陶祖の仁清と乾山を顕彰する碑があると申し上げましたが、これは大正九年（一九二〇）に大西良慶和上が陶磁器関係の人々と「もう一度、清水焼を発展させないといけない」と二人の記念碑を建立したものです。陶祖に感謝し供養しようというわけです。大変良いことです。しばらく中断しておりましたが、平成四年（一九九二）秋から陶祖顕彰法要を営んでおります。近年は古代の焼き物「陶瓷《とうし》」にちなんで定めた十月四日「陶器の日」に勤めるようになり、法要も三十回近くになりました。このような人々の深い感謝の心と東山の文化に支えられて、いまもって清水焼は伝統のブランド品として輝いているのだと思います。

　大阪に大起水産という大きな会社があります。フォーシーズンズホテル京都が京都にオープンしたように大起水産もずっと「京都に出て行きたい」と思っていましたが、なかなか店を出せなかったそうです。京都には大きな魅力があるのです。ついに五年前、伏見に店をオープンさせました。それで開店に合わせ何か書をしたためてほしいという依頼があり、それではと「味求真」と揮毫《きごう》しました。「美味求真」という言葉を聞いたことがあると思います。木下謙次郎という明治・大正・昭和三代にわたって活躍した政治家がおりますが、彼は食通として知られ、ベストセラー随筆の『美味求真』を書いています。揮毫の書は本のタイトルの美を省き、「味求真」、すなわち味の真実を求める、本当のおいしさを求めるという意味を込めてしたためました。その本当のおいしさ、究極の味とは、食に対する感謝だと思うのです。大起水産の代表の人に私はそう申し上げて書を渡しました。

仁清・乾山の紀念碑前で営まれる
陶祖顕彰法要
（清水寺南苑、令和元年10月4日）

「味求真」の書揮毫からしばらくして、これまた書の依頼が縁となって東京の代官山に行きました。代官と聞くと、テレビの時代劇の影響でしょうか、すぐ悪代官という言葉が頭に浮かんでしまいます。しかし、東京の代官山は時代の先端を行く、大変おしゃれな街でありまして、そこにＮ２クリニックという時代を先取りする病院が開院し、そこに書を贈ったのです。病院といっても病気になった人を治すというよりも、病気になる前に病気に備える病院です。リンパ球を体内から取り出して培養し、もう一度体に戻して抵抗力を高めようというのです。年をとるにつれ病原菌や病変に対する抵抗力が衰えるのに備える病院ですから、病室も二部屋あるだけです。

「見えないいのち」に感謝

そのオープンを祝う講演会で少し話をしてほしいと求められたのです。病院で話をするのですから、命の話をしないわけにはいきません。何度も言っていますように仏教の根本思想は命の思想だと思っています。その命には「見える命」と「見えないいのち」があると主張しています。見える命とは日々生活していますこの体です。体は実に不思議です。血液は心臓から出て、血管をめぐり一分間ほどでまた心臓に帰ってくるそうです。毛細血管ともなりますと、太さが〇・〇一ミリ、目に見えません。血管を全部つなぐと、長さ十万キロメートル、地球二周半になります。それほどのものを体は持っています。聞いて驚きました。これらが全部寄り集まって私という体をつくっています。みんなが寄り集まって成り立たせているというのは、宇宙総がかりのエネルギー「見えないいのち」が私一人を保たせているということです。そのエネルギーに感謝が述べられる、それが究極にして根源たる命ではないかと代官山の病院で話していたわけです。

清水寺は千二百年という長い歴史を歩んできました。そして、今日このように伽藍《がらん》を保っているのも、東山の補陀落浄土《ふだらくじょうど》、観音さまの恵みに支えられて、あまねく広い人々の信仰と豊かな東山の文化がこの清水寺を保たせているのだと思います。本当に有り難いことです。「おおきに」。

言霊のちから

酉年にちなんで

年賀状に記した言葉

私たちの年代は正月といいますと、年賀状を取り交わすのを恒例にしています。最近は電子メールとかいうもので新年の挨拶をするということですが、やはり年に一度ぐらいは新しい年を迎えた気持ちを書面に記し伝えたいものです。私は毎年、したためました書を印刷し法縁の和尚や信者の皆さまにお送りしております。酉年《とりどし》になった平成二十九年（二〇一七）は年賀状に「鶏鳴《けいめい》之助《のじょ》」と書して挨拶いたしました。

鶏鳴とは夜明けとともに鳴く鶏の声をいい、夜明けのことをいっています。中国の古い言い伝えに、怠けがちな君主に対して賢い妃が「もう臣下たちは朝早くから集まって仕事していますよ」と言って、早起きさせ国政にあたらせたのだそうです。こういうことで「鶏鳴之助」とは内助の功をいいます。

「そんなこと言うて、主人ばかりが働いているわけやない、私かて働いてます」と奥さん方から叱られそうです。確かに内助の功といいますと、外で働く主人を内から助ける奥さんの陰の力を褒めて言い表します。なるほどいまは夫婦そろって働き、助け合って家庭や社会をつく

森貫主筆の酉年の色紙「金鶏一拍」（平成 29 年）

っています。ではありますが、要するに主人は奥さんに助けられ、奥さんは主人に助けられて家の中がおさまり仕事もできているのです。みんな「内助の功」に支えられて暮らしていることになります。私たちの命さえも宇宙のエネルギーに支えられて生きています。今朝、生きて目が覚めたのも「鶏鳴之助」によります。

　鶏は身近にあって、めでたい動物です。「鶏《にわとりの》五徳《ごとく》」といいまして、五つの徳がそなわっています。頭に立派な冠をいただいておりますのは文があるからであり、鋭い蹴爪《けづめ》を持っているのは武を備えているのであり、敵を前にして戦うのは勇があり、餌を見つけた時、呼び合って食べるのは仁であり、そして夜を守り夜明けの時を正しく告げるのは信であります。すなわち文武勇仁信という素晴らしい徳目を持っているのであります。

「金鶏《きんけい》」という言葉もあります。天上に住む鶏だそうでして、この鶏が暁にひと声鳴きますと、地上の鶏がその声に応じて鳴きだして夜明けを告げるのであります。日本のあちこちには金鶏伝説というものも伝わっております。長者が埋めた黄金の鶏が元旦に鳴くという言い伝えであります。その声を聞くと長生きするともいわれていて、いっぺん聞いてみたいものです。ところで、鶏が暁《あかつき》にときを作る声は、一番鶏《いちばんどり》が「東天紅《とうてんこう》」と、二番鶏が「国家光《こっかこう》」と鳴くのだそうです。

もう一つ「木鶏《もっけい》」というのもあります。黄金の鶏ではなくて、字の通り木でできた鶏であります。この言葉には成語にまつわる面白い話があります。中国の古典『荘子《そうじ》』に出てきます。ある王様が立派な闘鶏を育てようというので、調教の名人に命令しました。しばらくして「どうや、調教できたか」と聞きましたところ、「いやいや、まだです。この鶏は暴れ者で、鶏を見たら飛びかかっていきます。なかなか調教できません」と名人が答えました。「まだやな」というので、またしばらくして王様が「どうや、できたか」と尋ねました。「まあまあできてきましたが、まだ相手の鶏の音がすると向かって行きます。あきません」というのです。だんだん調教が進むうちに、また王様が「どうや」というと「できました」という答えです。「鶏はどうなっているか」と名人に問いますと「まるで木で作った鶏、つまり木鶏のようです。相手がどんなに挑戦してきてもビクともしません」と調教の名人は答えたということです。このような立派な闘鶏を木鶏というわけです。

横綱双葉山が打った電報

この中国古典の言葉を一躍有名にした逸話があります。昭和十四年（一九三九）の大相撲で横綱双葉山《ふたばやま》が七十連勝をかけて戦った時のことです。相手は前頭三枚目の安芸ノ海《あきのうみ》です。一月場所の四日目、二十六歳の双葉山が二十四歳の安芸ノ海に負けて七十連勝がならなかったのです。とはいっても連勝記録といえば、大鵬《たいほう》が四十五連勝、千代の富士が五十三連勝、白鵬が六十三連勝ですから、いまだに双葉山の六十九連勝は破られていない大記録です。ですから、場内は大変なことになりました。座布団は飛ぶ、灰皿は飛ぶ、暖房の火鉢まで飛んだそうです。「双葉山敗れる」と新聞の号外が出たという話です。昭和十四年といえば、日本が戦争の泥沼へと向かっていく暗い時代でしたから、連戦連勝の双葉山の人気はものすごいものでした。それが負けたのですから大騒ぎになったわけです。

双葉山はかねてから陽明学者の安岡正篤《やすおかまさひろ》を尊敬して勉強していました。それで安岡先生に電報を打ったそうです。

ワレイマダモッケイタリエズ　フタバ

「私は未《いま》だ木鶏の域には達していません」と言ったのです。そして双葉山はまた一心に精進して大横綱になりました。

一方、勝った安芸ノ海は「どうや、勝ったぞ」と師匠の前に行ったそうです。そうしましたら師匠は「勝って騒がれるような相撲取りは本当の相撲取りやない。負けて騒がれるのが本当の相撲取りや」と言って諭したそうです。師匠の言葉は極めて奥深い意味があると思います。

安芸ノ海はこの言葉を胸にして、これまた一心に精進を重ねて横綱にまでなったということです。ですから言葉には言霊《ことだま》という魂があるのです。

以前にも話しましたように菩薩《ぼさつ》の行《ぎょう》に六波羅蜜《ろくはらみつ》というのがあります。六つの行うべき項目ですが、その一番はじめに挙げられているのが布施波羅蜜《ふせはらみつ》です。施すことです。菩薩にとって大きな行であり、それには物を施す財施と教えを説く法施と種々の不安・恐れを取り除く無畏施《むいせ》の三つがあります。困っている人に何か物を施す財施がよく知られていますが、それでは物がなかったら、施しができないのかといいますと、そうではありません。『雑宝蔵経《ぞうほうぞうきょう》』の中に「無財の七施」が説かれています。やさしい顔の施し、あるいは身体をもって手助けする施しなど七つが挙げられています。その中に言葉の施しというのが出てきます。これはまさに言霊の施しであります。言葉というのは人を勇気づける時もあれば、人を傷つけることもあります。つまり力があり、魂があるのです。言葉はよほど丁寧に、慎重にしゃべらないといけないわけです。JR京都駅によく行きますが、駅員さんが「出発よし」と声を出しています。実際に大きな声を出さないといけません。この言葉の中に電車が無事に目的地に着くようにとの祈りが込められているのだと思います。

税所敦子さんの和歌の力

幕末明治ごろの歌人に税所敦子《さいしょあつこ》という方がおります。京都に勤める薩摩藩士の税所篤之《あつゆき》さんと結婚しました。敦子さんは清水寺の観音さまの大変あつい信者であり、本堂を拝礼する姿を描いた大きな奉納絵馬が清水寺に残っています。

この税所敦子さんにまつわる話が寺に伝わっております。篤之さんと結婚したのですが、夫に先立たれてしまい、篤之さんのお母さんの孝養を尽くすため鹿児島にまいりました。なにしろ鹿児島は道徳的に古風な土地柄であり、しかもお母さんは藩士の母ですから何ごとにつけ厳しい。まさに針の筵《むしろ》にいるような日々だったそうです。そんな時に歌がうまいという敦子さんに、お母さんが歌の下句を出して詠めというのです。見ますとこのようにあります。

おにばばなりと人はいふらん

「またお母さん、いじめはる」と敦子さんは思ったのですが、しばし考え上の句を詠みました。

仏にもにたるこころとしらずして
おにばばなりと人はいふらん

この歌を見たお母さんはハッと気が付きました。それからお母さんは何ごとにつけても「敦子さん、敦子さん」と頼りにして、最期は敦子さんの膝の上に頭を載せて亡くなっていったといいます。わずかに五七五の短い上の句の言葉ですが、大きな力があるのです。言葉というものは本当に大切なものだと思います。

　昭和二十年八月十五日、日本は連合国に無条件降伏し第二次世界大戦に負けました。日本が本土決戦に持ち込んで、あくまで戦う事態になったならば、連合国が終戦後に日本を分割して占領統治する案までありました。ソ連がそのような要求を主張していたといわれています。北海道・東北はソ連、関東・中部・関西と沖縄はアメリカ、四国は中国、中国・九州はイギリス、東京は米英中ソの共同統治というような案でした。結果的にはアメリカの主導のもとに一括占領統治となりましたが、もし分割占領という事態になりましたら、日本もドイツと同じように分裂国家になっていたかもしれません。東京に壁ができていたかもしれません。大変なことになっていたと思うのです。

　終戦から六年後、アメリカのサンフランシスコで講和会議が開かれました。アメリカとイギリスが共同してつくった講和案をめぐって、日本の領土をどうするのか、賠償をどうするのか、意見を述べ合いました。この時にセイロン、現在のスリランカの代表として出席していたのがジャヤワルデネ氏でありました。当時、大蔵大臣でありましたが、後に大統領になっております。清水寺にも訪れたことがあります。そのジャヤワルデネ氏が「アジアの将来にとって完全に独立した自由な日本が必要である」と主張し、次のように言ったのです。

「人はただ愛によってのみ憎しみを越えられる。人は憎しみによって憎しみを越えられない」

『法句経《ほっくきょう》』にあるお釈迦さまの言葉を引いて演説し、セイロンは賠償権を放棄すると宣言したのです。これからアジアが復興していくには日本が主導していくことが必要だと訴えました。講和会議に出席していた日本代表の吉田茂氏は眼鏡をはずして目をぬぐったそうです。出席の多くの代表団が感動したのです。言葉に魂が宿っていたのです。

このように言葉には魂があって、その魂を形にとどめる器が文字であります。漢字博士の白川静先生は「言葉には呪能《じゅのう》という力があり、これを形象化しているのが文字である」とおっしゃっています。ですから言霊、言葉に魂があるように、文字には「文字霊《もじだま》」があると言っていいでしょう。

漢字と仮名、高い日本人の識字率

私たち日本人は、表意文字と表音文字の両方を使いこなしています。つまり漢字と仮名《かな》の両方です。このような国は世界でも珍しいといえます。仮名にも平《ひら》仮名、片《かた》仮名、万葉仮名があり、文字を自在に駆使しています。これは大変なことでしょう。

表意文字の漢字はおよそ三千年前の中国・殷《いん》王朝の時代にできています。字の形は変わってきましたが、漢字がずっと使われてきました。いま韓国では漢字の使用が少なくなりましたが、日本と台湾はずっと漢字を使っています。ベトナムも昔は漢字文化圏にありました。漢字文化圏では漢字によって文化の交流や伝承を行ってきました。

第二次世界大戦後、日本が連合国の占領下に置かれた時、ＧＨＱという機関がありました。連合国最高司令官総司令部といいます。連合国軍といっても実質はアメリカ軍であります。そのＧＨＱは日本が再び軍国主義にならないか、暴動を起こさないかと監視し、財政やら経済やら教育やら、スポーツ、芸能、放送に至るまでチェックしました。その時にあったという面白いエピソードが伝えられています。

最近、アニメ映画の「君の名は。」が大ヒットし人気を博しているようです。ところが戦後間もなくにもＮＨＫラジオ放送に「君の名は」がありました。菊田一夫さんの原作で、すごい人気となり、放送の時間は銭湯の女湯が空っぽになったといわれるくらい、当時の国民はラジオにかじりつきました。昭和二十七年に始まりました。私はまだ小学生でした。あまりに人気だったので、翌年には松竹が映画化しています。後宮春樹《あとみやはるき》の役が佐田啓二さん、氏家真知子《うじいえまちこ》の役が岸恵子さんでした。きれいでした。「真知子巻き」というストールの巻き方が大流行し、当時の女性は誰もかれもが巻いていました。

ところで、このラジオドラマが始まる前の話です。ＧＨＱがＮＨＫに電話をかけてきました。「いまやっている放送の次の番組名は何というのか」と聞いてきたのです。高飛車な聞き方だったのでしょう。ＮＨＫの担当者は「えらそうに何や」と思ったので「お前、何という名前や(ホワット、ユア、ネーム)」と言ったのです。そうしたら「おお、次の番組は『君の名は？(ホワット、ユア、ネーム)』だな」とＧＨＱは受けとったそうです。嘘《うそ》かまことかは知りません。

そのＧＨＱが、なかなか日本が民主化されないのは漢字・仮名が入り混じった難しい日本語が一般の人には読めないからだと考えました。そこで言語学者の柴田武さんに「日本人の識字率を調査しろ」と命じました。調べるまでもありませんでした。ほぼ一〇〇パーセントの人が字の読み書きができていました。これで国語のローマ字化計画がお蔵入りとなり、従来通りの漢字・仮名交じり文が使われることになりました。

もし日本語をローマ字化したらどうなっていたでしょう。先ほどの「木鶏」を「ｍｏｋｋｅｉ」とつづったら、「もっけい」と読めても「木鶏」が頭にうかびますでしょうか。「ｈａｓｈｉ」を「はし」と発音したとしても、渡る「橋」なのか、食べる時の「箸《はし》」なのかわかりません。その点、漢字は見たらすぐにわかります。表意文字であるからです。

ドイツの学者にシュリーマンという人がいます。トロイの遺跡を発見した有名な考古学者です。彼は幕末に日本に訪れ、旅行記を書き残しています。現在、日本語訳も出版されています。読んでみますと日本人は毎日一回は風呂に入って、世界で一番清潔な国民だとあります。きれいに掃除して、大変美しい国だといいます。そして日本人はほとんど仮名と漢字の読み書きができ、教育レベルがヨーロッパの文明国以上だと書いています。それほど日本人の識字能力が高かったのです。いまも世界では何億という人が字の読めない状態にあります。ユネスコは国際識字デーを定めて啓発に努めています。

明治維新を前にして西欧からさまざまな文化が一気に入ってきました。医学も政治も法律も哲学も、大量に横文字として入ってきました。当時の知識人はその横文字の知識を縦文字の漢字に訳しました。なかなかできることではありません。それほど日本人は漢字能力、漢文に長《た》けていたのです。

注目される「今年の漢字」発表

日本語はもともと漢語と和語が交じってできています。年末、私は「今年の漢字」の発表で漢字一字を書いています。これは公益財団法人日本漢字能力検定協会が主催して、一般から「今年の漢字」を募集し行っているものですが、その漢字能力検定協会の理念の一節に次のように書いています。日本語の漢字の能力を高めて「我が国における生涯学習の振興を通じて日本文化の発展に寄与する」とあります。見てわかるように漢語がたくさん使われています。これを和語だけで言おうとすると大変です。「わが国における人の生まれて死ぬまでの学びの振るいおこしを通して、やまとのあやのいやましを与えんとする」となりましょうか。何だかわかりません。ですから漢語、漢字は実にすばらしいものがあります。

いま話しました「今年の漢字」ですが、世間ではどうも私が書いていることが知られていないようです。この前も北海道のあるお寺の記念講演に行った時に「『今年の漢字』の発表を知ってますか」と尋ねますと、小さな男の子まで「おっちゃん、僕も知っている」という答えです。「おっちゃんが書いているんや」と話しますと、「知らんなあ」と水臭い返事です。どうして私が書いているのを知らないのだろうと考えますと、テレビカメラは私の後ろから撮っているので、書いている私の頭の後ろしか映らないのです。

「今年の漢字」は一般公募ですから、年末近くにあった出来事が印象強く、その漢字が選ばれます。秋時分になると考えますが、なかなか当たりません。一度当たった年があります。平成十五年の「虎《とら》」です。プロ野球阪神タイガースが十八年ぶりによみがえり優勝した年です。関西は虎一色でした。その年、九州の福岡へ講話に行くことがありました。タクシーの運転手さんが「今年は何という字ですか」と聞くので「そりゃ虎でしょう」というたら「ここらは鷹《たか》ですよ」といわれました。帰って鷹の字をよく見たら、何と難しい字やなと思いました。

「今年の漢字」発表は大きな紙に太い筆を振り回して書きます。ですから気を付けないと墨が飛んできて顔が真っ黒になります。虎冠《とらかんむり》（虍）は「丨」「⺊」「⺁」「卢」と書く四画目の跳ねを知っていたのですが、墨が飛びますから筆を止めました。そうしましたら抗議のはがきが来ました。「あなたはご存じですか。虍は跳ねるのですよ」。親切な方が多いのです。私は清水の舞台で漢字の書き取りテストをしているわけではありませんので、多少は堪忍してほしいと思います。

毎年、書き終えますと、一分後には寺務所に電話がかかってきます。「なんであんな字を書いたのや」と言うのです。おそらく自分が期待していた字と違ったのでしょう。何も私が決めているわけではありません。「筆順が間違っているやないか」とのお叱《しか》りの電話もあります。「絆」は行書体になりますと筆順が変わります。平成二十七年の「安」もそうでした。安倍晋三前首相は「私の安を書いてくれた」と喜んだそうですが、そうではなくて不安な世の中の

「安」だったのです。「新」を書いた時は最後、少し跳ねてしまいました。「しまった」と思ったのですが、書き直せません。するとまた「斤は跳ねない」と抗議の電話です。佛教大学に加藤達成《たつじょう》先生という書家がおられました。いまはもう九十歳を超えております。その加藤先生がはがきに私の書いた「新」と同じ字を書いて「書は勢いなり」との一文を添えてありました。私はそれで救われたと思いました。思いのこもった言葉ほど有り難いものはありません。

使っている太い筆は牛耳筆《ぎゅうじひつ》といいます。文字通り牛の耳の毛を入れているのです。牛は放牧の時、雨が降りますと耳に水が入り、耳の病気になります。それで耳の毛が水を保って奥に入らないようにしています。自然の仕組みは偉大です。この毛を筆の真ん中に少し使っているのです。広島の熊野筆をつくるところに、特別にお願いしてつくっていただいています。このような筆のつくり方は中国で研究されたもので、さすが漢字三千年の歴史のある中国です。筆、紙、硯、墨、みなよく研究されております。

観音さまの心を持って帰る

このように漢字は言葉の力が凝縮した文字であると思います。しかも漢字にはいろいろな要素が集まっていて、一字にたくさんの意味が含まれています。二十年ほど前、相国寺の有馬頼底管長と、もう故人となりました東福寺管長の福島慶道老師や滋賀県の永源寺管長の篠原大雄老師、それに在家の方二、三人が集まって、好きなことをいうお話し会をしようというので開いていました。会の名前がないといけませんので考えました。「無心会にしようか」「いや六人会はどうや」といろいろな意見が出ました。その時に福島老師が「わしらは寺の者やから、寺の字をばらすと土と寸や。土寸《どすん》会にしよう」と言って名前が付きました。寺の字は偏《へん》を付けると、いろいろな漢字になります。行人偏《ぎょうにんべん》で待つ、人偏で侍、日偏で時、牛偏で特、竹冠《たけかんむり》で等しい。言偏《ごんべん》を付けると詩、寺にきて詩を詠みたい心境になります。病垂《やまいだれ》が付くと痔《じ》です。私も数年前に患いまして丁寧に手術してもらいました。痔は痛いですね。寺は昔から板の上に座るので痔になるケースが多いわけです。

そして寺に手偏を付けますと持つです。寺に来る時は手ぶらではいけません。厚かましいことを言うと思うでしょう。そうではなく反対です。寺に来たら持って帰りなさいと言っているのです。寺に置いてある物ではなくて、観音さんの心を持って帰りなさいということです。これは荷物になりません。

清水寺の観音さんは十一面千手千眼《せんじゅせんげん》観世音菩薩です。千手というのにはいろいろ説明がありますが、真手といって合掌している手を除いて、両側に二十本ずつ、合わせて四十本あります。

一本に二十五の法力があり、四十掛ける二十五で千本になります。その手に一つずつ眼があり千眼になります。

ところで、ある寺から本を贈っていただき、パラパラと読んでいますと、こんなことが書いてあります。ある目の不自由な子どもが描いたお母さんは二十六本の手であったというのです。私はそれを読んでドキッとしました。たいがい子どもにお母さんを描きなさいと言いますと、顔を描きます。丸い顔に目があり、鼻があり、耳が付いています。ところが、目の不自由な坊やにはお母さんの姿がわからない。ですからお母さんは手なのです。学校に連れて行ってくれる手もお母さんであり、服を着せてくれる手もお母さんであり、料理をつくってくれる手もお母さんであり、手枕して寝かせてくれる手もお母さん、二十六本すべての手がお母さんであるのです。

この二十六本の手の話を華道《かどう》池坊《いけのぼう》が出している雑誌に書きました。すると九十歳になる読者からはがきをいただきました。「私には三人の母親がおります。一人だけではないのです。そうすると私は普通の人より三倍も多い手をいただいているのですね」と書いてありました。

この二十六本の手のことを思いますと、いつも拝んでいる千手観音さまから声が伝わってくるのが聞こえました。「お前ひとりで大きくなったと思ったら間違いやぞ」「三度三度、ご飯が食べられるのが当たり前やと思ったら間違いやぞ。そんなこと思ってないか」。千手観音さまの一本一本の手から、そんな声が聞こえてきます。

そして「今朝、目が覚めるのも当たり前と思っているのと違うか」と千手観音さまの手が問いかけてくるのが聞こえます。毎朝、目が覚める――不思議だとは思いませんか。「朝」は「十月十日」と書きます。お母さんの胎内に十月十日宿って、生まれてきたのが朝です。私たちは毎朝生まれているのです。なぜ朝、目が覚めて感動がないのでしょうか。朝、生きていて心臓が動いていることに大いに感動すべきだと思うのです。

私たちが目覚めに対して感動がないのは、慣れているからです。「昨日も起きたし、今日も起きるのは当たり前や」と慣れてしまっているのです。この世に当たり前というのは一つとしてありません。どれもこれも本当に得がたい縁をいただいているのです。これが千手観音さまの手だなあと思います。「千手」という言葉、「千手」という漢字に観音さまの魂がこもっていることを日日《にちにち》心にしていただきたいと思うのです。

暁天講座によせて

鑑真和上のご縁

霊山観音ができたころ

清水寺の隣山の麓に大きな観音さまがお座りになっていらっしゃいます。京都の方はもちろんのこと、旅行で京都に訪れ東山を散策された方は目にされていると思います。霊山観音《りょうぜんかんのん》であります。私の師匠大西良慶和上が昭和三十年（一九五五）に開眼《かいげん》法要をされ、夏にそこで開かれる暁天講座ではずっと講師をつとめてこられました。毎月八日には選仏道場で、法楽会という法話の会も開いておりました。ですから、良慶和上は終始、霊山観音とご縁を結んでおられたわけです。

そういう良慶和上のご縁から、私も毎年夏の暁天講座の講師をつとめさせていただいております。清水寺の盂蘭盆《うらぼん》法話ほどではありませんが、たくさんの熱心な信者さんがお参りで盛況であります。

話のとっかかりに、このように深いご縁があります霊山観音ができるころの思い出を一つ紹介しておきます。霊山観音は良慶和上が本当に一生懸命に計画にかかわり尽力して出来上がったものです。当時は建立の事務所が高台寺にあり、私は師匠の用事でよく行ったものです。昔は師匠の用事で小僧が出かけて行きました。今時《いまどき》はさっぱり行かなくなりました。届け物のお使いも宅配便がありますから、行かなくても済みます。しかし、小僧が出向きますと、顔を覚えてくれます。「おお、お前、清水の小僧か。よう来たな」と顔馴染《かおなじ》みになって、よろしいのです。

高台寺には怖い和尚さんがいました。塔頭《たっちゅう》の春光院の和尚さんが執事長をしていたのですが、禅宗の坊さんとはあのような和尚をいうのでしょう。このごろは禅僧も規格内という感じですが、当時は規格外の怖い和尚さんがたくさんおりました。「今日《こんにち》は」と入って行きますと、中から「今日は誰もおらん」と言われます。「おらん言うて、そこにおるやないか」と思うのですが、「おらん」と言われます。そこで帰ったらいけません。ジッとしていると、そのうち「誰や」と怒鳴《どな》ってきます。そうかと思うと「今日は」と言っても返事が返ってきません。障子の向こうにいるのがわかっているのに返事をしません。「聞こえへんのかいな」と思って、もういっぺん「今日は」と言うと、今度は「うるさい。いっぺん言うたらわかっとる」と怒られます。そして「誰や」と怒鳴られるのです。「清水の小僧で、お使いにまいりました」と答えると、やっと「上がれ」とまた怒鳴り声が返ってきます。

和尚さんは怖い顔していいます。表情はにこやかなのですが、目が爛々《らんらん》と輝いて怖い。長い

霊山観音暁天講座で
講師をつとめる森貫主
（平成19年7月2日）

間、修行をしてきた結果でしょう。自らお茶を入れ「どうや、和上は元気か」と聞くので「はい、元気です」「そうか。ちょっと待っててや」と奥に入って羊羹《ようかん》を出してくれます。その当時、甘い物は滅多に口に入りません。取って置いて「使いの小僧が来た。よし」というわけです。しかし、その羊羹は古いもので、硬くて砂糖の粉が吹いているような代物《しろもの》でした。寺は大体新しい物は食べません。古い物から食べます。それでも羊羹を「ありがとうございます」と喜んでいただいて帰りました。霊山観音の暁天講座というと、すぐその和尚さんの顔が浮かんできます。

法話会場あれこれ

当時、私のような者がその霊山観音の暁天講座の講師をつとめることになろうとは、ゆめゆめ思いませんでした。それがなんと講師をつとめて三十年以上になり、永久選手になりつつあります。私はご縁のあるところは全国どこにでも話に行かせてもらっています。といいますのは清水寺の場合、末寺がありません。たいがいの本山は末寺を持って、教区ごとに法話会を開き、管長は教区から教区へと全国を回っています。清水寺は末寺がありませんから、末寺の信者も教区ごとの信者もありません。ですから、テレビ局や新聞社や、老人会とか病院とか、いろいろなご縁によって話に行きます。行ってみるまで会場の雰囲気もわかりません。以前、鹿児島で風呂屋をしている清水の観音さんの信者が訪ねて来て、温泉が出たので話をしてほしいと依頼がありました。行ってみますと風呂屋の入口に観音さんが祀ってあります。脱衣場にも観音さん、浴室にも観音さんがあります。しかも私の法話の声が流れ、時々『般若心経』の読経に変わり、カーンと鈴《りん》が鳴るというような、ちょっと珍しい風呂屋でした。お話の会場はその脱衣場なのです。と言ってお客さんは裸ではありません。

　話をする会場で難しいのは百貨店です。東京の日本橋三越本店は入った一階が広く高い中央ホールの吹き抜けになっています。そこに高さ十一メートル、総重量六千七百五十キロ、樹齢五百年の檜《ひのき》で製作された天女像があります。佐藤玄々《げんげん》という彫刻家が造りました。玄々の師匠は山崎朝雲といい、明治時代きっての彫刻家・高村光雲の高弟です。光雲といえば高村光太郎の父です。山崎朝雲は霊山観音の原形を造った彫刻家でしたが、私の師匠良慶和上は「朝雲先生の観音さんは拝むタイプと違う」と言っていました。おそらく二人の間で観音像をめぐって喧々諤々《けんけんがくがく》の議論があったようです。

　さて、その立派な天女像のある三越本店の中央ホールですが、私の兄弟子のような薬師寺の高田好胤《こういん》管主に忠告されました。「お前、三越本店で話をする時は気を付けよ。あそこは街の中で話をするようなものや」。確かにそうです。店が並んで、ザワザワしている中に聴衆が座って聞いています。時々、ピンポーンと鳴って「横浜からきました誰それ様が玄関入口でお待ちです」と流れます。そのような会場にいる聴衆の心をキュッとつかんで話をする必要があります。本当に難しい。

やはり話をするのに一番いいのは寺です。緑があって、清浄なお話をする雰囲気があります。新緑はいいものです。この緑という色は一種類の色ではありません。何種類もの色が重なっています。そして緑にはいろいろな色があります。萌葱《もえぎ》、松葉色、木賊色《とくさいろ》、若竹色、裏葉柳《うらばやなぎ》、常磐色《ときわいろ》、青朽葉《あおくちば》、苔色《こけいろ》、色々な色の名前があります。日本人は自然の緑に親しんできた証拠でしょう。

鑑真和上の渡海の言葉

平成二十五年（二〇一三）に奈良の唐招提寺で鑑真《がんじん》和上千二百五十年御諱《ぎょき》がありましたので行ってきました。庭に芭蕉の句碑があります。

若葉して御目《おんめ》の雫《しづく》拭《ぬぐ》はばや

有名な句で、「ばや」というのは「そうしたい」という願望をいう言葉です。鑑真和上は中国から日本へ渡海してくる時に塩が目に入って盲目になりました。それで鑑真和上像は目をふさいで座っておられます。国宝の脱活乾漆造《だっかつかんしつづく》りのお像です。芭蕉はこの鑑真和上像にお参りして、和上の目の雫、つまり涙を若葉で拭ってさしあげたいと詠んでいるのです。若葉の美しさと鑑真和上の盲目の表情を感動的に捉えて詠んでいます。

御諱大法要に参列しますと、なんと二時間半もある長い法要でした。私どもは堂内に入って椅子《いす》に座っていたのですが、一般の方はお堂の外でしたから大変でした。坐骨神経痛の持病がある私は座っているのが痛くて立ちたいのですが、皆さん、ピシッと座っていて立てません。ズラリ並ぶ式衆も二時間半の法要はこたえます。他宗派の法要は詳しく知りませんが、奈良の寺院のお勤めは知っていますので、次に何があるのかわかります。有り難い長い法要ではあっても、「これは長くなるなあ」と覚悟を決めたことでした。二時間ほど経って焼香に呼ばれ、準備体操のように少し動いて、ゆっくり歩いて帰ってきました。すると遠くで式衆のまく散華《さんげ》が私のところまで届きました。画家の東山魁夷《かいい》さんが描いた画と春・夏・秋・冬の字が印刷されています。私のところに届いたのは夏でした。鑑真和上坐像が安置されています御影堂の障壁画を魁夷さんが描いています。これは鑑真和上にささげた日本と中国の自然を描いた大変な大作です。

ご存じのように日本古代の大和朝廷は、大陸の文化を吸収して国づくりをしなければなりませんでした。そこで遣隋使、遣唐使を次々と中国に派遣しました。この遣唐船の中には最澄も空海も加わっています。しかしながら、当時の航海技術ではうまく中国に渡り無事帰ってくるのがなかなか難しい。大陸から日本に来るのは海流に乗れば比較的容易ですが、その逆は大変な苦労があります。仏教もこのようにして学びました。

仏道を修行する者が必ず修めるべき基本的な修行の項目に三学があります。戒学《かいがく》、定《じょう》学、慧《え》学の三つです。これらを教え導くインドの経典は律蔵、経蔵、論蔵の三つに分類されて収められていますが、日本の仏教はこのような三蔵の本によって主に勉強してきました。しかし、一人前の僧になるためには受戒という最も重要な儀式が必要で、しかも受戒には厳格な規定があって、正式な伝戒師がいなければなりません。そこで聖武天皇は興福寺の永叡《ようえい》と大安寺の普《ふ》照《しょう》を遣唐使に伴わせ、戒律の師匠を求めて来るようにと遣わしました。二人とも秀才中の秀才だったに違いありません。うまく中国に渡り、十年間、戒律の師匠を探しに探し、ようやく揚《よう》州《しゅう》で日本に招来すべき師匠をみつけます。大明寺の鑑真和上です。「どうかひとつ日本にお越し願いたい」と懇請しますと「わかった」と承諾します。時に鑑真和上五十五歳でした。そして大勢の僧の前で「昔、日本の長屋王《ながやおう》が千領の袈裟《けさ》を作って中国の僧に施した。その袈裟には刺繍《ししゅう》で『山川異域、風月同天、寄諸仏子、共結来縁』（山川域を異にすれども、風月天を同じくす、諸《これ》を仏子に寄せて、共に来縁を結ばん）と記されていた。つまり中国と日本とは域は異にするけれども、中国から見る月も日本から見る月も同じ、風月は同じ天をいただいているのであり、僧たちに袈裟を寄せ、ともに来世の縁を結ぼうという言葉であった。日本は誠に仏法興隆するに縁の深い国である。この中で誰か日本の要請に応え行く者はいないか」と言ったのです。そうしましたら皆、沈黙して答えない。しばらくして一人の僧が「日本は大変遠くて危ない。百人に一人も到達することはできない。身命の危険がある」と反対しました。すると鑑真和上は「これは仏法のためだ。どうして身命を惜しもうか。お前たちが行かないのなら、私が行く」とおっしゃったのです。和上の言葉に反対していた僧も、そして弟子の道興《どうこう》はじめ二十一人の僧も「お供させていただきます」と答えました。

苦難を乗り越え伝戒

唐の天宝二年（七四三）、一回目の船が仕立てられましたが、渡航者の中で内紛が起こり、誰かが官に怪しい海賊の船だと訴え失敗に終わりました。第二回の船がまた仕立てられました。食料はもちろん、仏典、仏像、法具、法衣、香料など大陸の仏教文化の集大成といってよいものを積み込んでいます。これは『唐大和上東征伝《とうのだいわじょうとうせいでん》』に書いてあります。二回目は難破して、また失敗しました。三回、四回、五回、やっと六回目に日本に到着することになります。この時、興福寺の永叡は病気でなくなり、鑑真和上も目に塩が入ったか、あるいは白内障になったかで失明していました。それでも「是非とも日本に行く」というのです。渡航を発願してから足掛け十二年、鑑真和上は六十六歳になっていました。この間に和上に従っていた人のうちの三十六人がなくなり、二百余人が脱落しました。結局、大変な苦難を乗り越えて思託《したく》、法進《ほっしん》らの弟子と、日本から行った普照とともに鹿児島沖に到着しました。そこから難波に上陸し、多くの人の迎えを受けながら奈良の平城京に入ります。東大寺に戒壇を築き、聖武上皇や后《きさき》の光《こう》明《みょう》皇太后、孝謙天皇らに授戒することになります。

光明皇后といいますと、清水寺にもご縁のある后です。本堂舞台の正面に、修復して間もない真っ赤な塔が緑の中に見えています。子安塔《こやすのとう》です。この塔の観音に光明皇后が祈願し、孝謙天皇を平産したと伝えています。子どもが安らかに授かるようにというご縁から、子安観音、子安塔といっているのです。ということは子安塔の方が清水寺よりも歴史的には古いということになります。宝亀九年（七七八）に創建されている清水寺より以前に塔があったかどうかはわかりませんが、観音像は造られていたのでしょう。子安塔は明治時代に現在の場所に移されましたが、移転前は仁王門前にありました。その昔は門前町の七味屋さんがある産寧坂《さんねんざか》あたりに観音が安置されていたのではないかと思います。産寧《さんねい》、つまり「産《う》み寧《やす》し」です。

さて、鑑真和上の授戒ですが、聖武上皇をはじめとして多くの宮中の人たちが東大寺の戒壇で戒を受けました。受戒は三師七証といって十人の師匠によって正式に戒を授けられ僧の仲間となります。その後、鑑真和上は大勢の僧に戒を授け、孝謙天皇から新田部《にいたべ》親王の旧宅の地を与えられ、隠居の寺を建てたのが唐招提寺です。鑑真和上はこの土地を与えられるについて、そこに行きますが、目が見えませんので、土を嘗《な》めて「ここは福地だ」とおっしゃいました。あるいは「生まれ故郷の揚州の地に似て、土が甘い」といい、これが唐招提寺近くの地名である尼辻《あまがつじ》の由来だという説が伝えられています。

こうして鑑真和上は七十六歳で異国の地の日本で亡くなりました。長屋王が袈裟に刺繍して贈った「ともに来世の縁を結ぼう」という言葉に応《こた》えて、鑑真和上は「すべては仏縁やぞ」「みな縁で成り立っているのだぞ」と強調しているのだと思います。

私の法話会の席にまいっている皆さんも、一つの縁の働きによっています。ポスターを見たのか、友達から「行かへんか」と誘われたのか、あるいは夢のお告げがあったのか、いずれにしても縁に依っていつの間にか法話会の席に座っているということはありません。すべては縁によって私たちは成り立っているのです。

人に生まれた不思議な縁

第一に、この世に生をうけた、こんな不思議な縁はありません。お父さん、お母さん、お祖《じ》父《い》ちゃん、お祖《ば》母《あ》ちゃん、先祖代々のご縁があって、私たちはここに生をうけているのです。遺伝子工学の専門家であります筑波大学名誉教授の村上和雄先生は、人間の体は六十兆もの細胞で成り立っているといいます。その一つの細胞の中に大百科事典三千冊分もの遺伝子情報が入っていて、一つの細胞が生をうけるというのは一億円の宝くじが百万回連続して当たるほどの確率だそうです。生をうけること自体、あり得ないくらいのことなのです。その上に、トンボでもない、カエルでもない、人に生まれてきたということは、偶然中の偶然です。地球上の生命は発見されているだけで約百七十五万種あるそうですが、発見されていないものも含めると二、三千万種にもなると推計されています。実際のところ、どれだけあるかわかりません。そのいくらあるかわからない生命の種類の中で、人に生まれてきたというのはまことに不思議な縁をいただいているわけです。

この地球上に生命が誕生したのは約四十億年前だそうです。その生命が色々な生命に分かれていきました。ということはタンポポも飛んでくる蚊も私と命がつながっています。私の住んでいる寺には百足《むかで》がよく出てきます。真っ黒な百足で、気持ち悪いのですが、そんな百足も私と命のつながりがあると思うと、非常にいとしくて仕方がない。先祖の命とつながっているのです。

お盆の行事はなくなった人の霊をお呼びすることです。故郷に帰って、親や兄弟、親戚、友だちと一年ぶりに会い、先祖を偲ぶという行事です。これは大変重要な行事です。私と先祖とは命がつながっていることを偲ぶことです。お父さん、お母さん、お祖父ちゃん、お祖母ちゃん、先祖代々と時系列の縦につながっているということです。と同時に、空間的に横にも命はつながっています。この世に一人として他人はいません。どこかで命としてつながっています。私の体には先祖の命、地球全体の命が宿っています。この命の尊さ、尊厳、それを感ずるのがお盆の行事であるわけです。四十億年のずっしり重い命が私に宿っていると感ずる行事だなと思うのです。

すべては縁でつながっている、これを一如《いちにょ》といいます。お釈迦さまは網にたとえています。網の目は私の目と隣の目が糸でつながっています。糸は私の目をつくる糸であると同時に、隣の目をつくる糸でもあるのです。私の目がゆがめば、隣の目もゆがみ、全体がゆがみます。私の目一つが、すべてとつながっています。他人はないのです。「自他一如《じたいちにょ》」といいます。私と向かい合っている人とは別々ですが、命でつながっています。命の縁でつながっているのです。

平安時代後期に良忍という融通念仏宗《ゆうずうねんぶつしゅう》を始めた僧があります。大阪市平野区の大念仏寺が本山です。その教えは一念の念仏は私だけの念仏ではなくて、みんなの念仏と融通しつながっていると説きます。一人は一切の人とつながり、一切の人は私とつながっている、一切の人が一人一人互いにつながっているといいます。当然、私とあなたとは人格が違っていますから、個々独立していますが、縁としてつながっているというわけです。

因果一如、始まりは終わり

ある時、ＪＲ新幹線に乗るために京都駅二階のコンコースを歩いていましたら、花を生けている先生がいるのに気付きました。その先生の姿を後ろからジッと見ていますと、ただ手だけで枝を曲げていません。花を生ける先生の体を枝に添うように曲げて、自分と花が一体になっているのです。一体になることによって枝が曲がります。そうでなかったら枝は折れてしまいます。気持ちが一つになっているのです。

近ごろは人前でお母さんが乳飲み子におっぱいをふくませている姿を見掛けることは少なく

なりましたが、授乳している姿を見ますと、必ず赤ちゃんがお母さんを見ていて、お母さんは必ず赤ちゃんを見ています。赤ちゃんとお母さんは個々別々であるが一つになっています。これが一如ということです。ここから滾々《こんこん》とした慈愛、愛情が湧いてくるのです。ある小学校の女の子のエッセイに、こんなことが書かれています。

うちのお母さんはやさしい。一遍もおこらはったことがない。
うちのお母さんはおこるかわりに、なみだを流さはる。
なみだを流さはるお母さんが一番こわい。

お母さんと女の子が一体になっています。お母さんと子どもが気持ちとして、心として、命として一つになっていることがわかります。一如ということです。

「因果」という言葉があります。「因」は原因ということ。原因が働いて結果となります。「因縁果報」といいます。間に「縁」があって、原因が結果となって報いられます。「因」と「果」とは始めと終わりということですが、一つです。例えば円を描いた時、始まりは終わりで、一緒のところです。因果一如といいます。

私どもの唯識《ゆいしき》の教えに「現行熏種子《げんぎょうくんしゅうじ》」「種子生現行《しゅうじしょうげんぎょう》」という言葉があります。「現行」とは現象として現れることです。現れたことが、また私たちの心の中に種子となって入ってきます。心に植えつけられた種子がまた現象として現れてきます。因果は一つだということです。果物を果実といいますが、例えばリンゴの中には種が入っていて、その周りが果であり、全体として果実であるわけです。原因と結果が一つだということを果実という言葉がいっています。因と果が「即」である、つまり「即」すなわち一つということです。「即」というのは時間を置かない、そのままということです。

手は握って振り上げれば喧嘩《けんか》になりますが、手を開いて合わせれば仏になります。良いことをして、良い結果が生まれるだろう、褒美がもらえるだろうと思っても、なかなか良い結果は出てきません。いくら良いことをしても、良い結果が返ってこないと思うかもしれませんが、因果は一如で、人にはできない良いことが、私にできた、そのことが結果であるのです。一つも残念がることはない。玄関を上がる時、他人の靴のゆがんでいるのを直します。誰か褒めてくれなくてもいい、直すことができた、他の人にはできないことができた、それが結果です。その良いことができたという結果が心の中に種子として「熏《くん》じられる」のです。そしてその「種子」によってまた次の良いことができることになります。このように因と果とは一つです。「即」であります。

いつのことでしたか、刑務所でお話をしたことがあります。あなたを大切に待っている人がいますから、どうか一日でも早くお帰りくださいと話しました。それは刑務所で教誨師《きょうかいし》をしている友人から聞いた話があったからです。もう亡くなりました俳優の高倉健さんが刑務所に招かれ話をしに行きました。高倉さんは映画の中では涙を流す役を一切しないそうです。監督が言っても、頑として泣かない。ところが刑務所に行った時、「どういう縁があって、ここに入ったか知らないが、必ず帰らなければいけない。一日も早く帰ってほしい」と言って、ポロッと涙をこぼしました。これに対して受刑者たちは大変感動したということです。これも「即」です。

いい縁としてめぐり会う

三世といいますと、過去・現在・未来をいいます。この三世も別々にあるわけでない。一つです。因果一如というように一つのものです。日蓮上人の『開目鈔《かいもくしょう》』という書物に『心地観《しんじかん》経《ぎょう》』の中から引用しているくだりがありまして、「私の過去世を見たいと思ったら、現在の姿を見なさい。未来の姿を見たかったら、現在の何をしているかを見なさい。そうしたら未来の姿がわかる」というのです。これを読んで、ハッと思うことがありました。もっとわかりやすく言えば、昨日・今日・明日に置き換え、「昨日の自分がどうだったかは、今日の姿を見なさい」ということです。今日の姿を見れば、昨日何をしてきたかがわかります。今日、どんな準備をしたかが、明日を迎える原因になっています。つまり昨日と今日と明日はつながっています。皆さんの身近なことでいえば、昨日の残り物を今日食べるでしょう。今日の残り物は明日食べます。つながっているから、必ず明日はあります。

過去・現在・未来に関連して、和尚さんが聞かれて困る質問があります。「和尚、あの世はあるのか」。こう聞かれると、和尚さんははっきり答えられず、モジモジしてしまいます。「ある」と言うと「それなら和尚、行ったことあるのか。見て来たのか」「行ったことはないが…」「行ってもいないのに、見てもいないのに、なんであると言えるのや」と遣り込められてしまいます。そこで「俺もいっぺん行ってから、皆に話するから」と逃げてしまいます。あの世はあります。ありますが、実際見える世界ではないのです。

明日と同じです。「明日はあるか」と聞かれると、たいがいの人は「明日はある」と答えます。「それならお前、明日に行って来たのか。見て来たのか」と問われたら、どうしますか。行っていないし見ていませんが、明日はあります。理屈は同じです。今日、何を用意するかが明日につながっています。今日という日は二度ときません。明日になったら今日です。昨日からすれば、明日は今日です。一日《ついたち》からすれば、二日《ふつか》は明日ですが、二日になれば二日は今日であり明日に生きていることになります。結局、今日しか生きていない。昨日にも明日にも生きていません。今日、どんなことをするのかが求められています。これを絶対の時間、あるいは永遠の時間というわけです。今日という日は必ず明日を迎えますから、今日という日に良い縁を作っておいて、明日を迎えることが大切なわけです。

　縁というと、良い縁にめぐり合いたいと常に願います。私にめぐり会って「こんないい縁をいただいた」と喜びます。その人は私を縁としてめぐり会っているのです。ですから、私はその人にとって良い縁でなければなりません。同時に縁は一方通行ではない。その人が私を良い縁としてめぐり会っているとすれば、私はその人と良い縁としてめぐり会っています。

　仏教の言葉で「聞法因縁《もんぼういんねん》五百生《ごひゃくしょう》、同席対面《どうせきたいめん》五百生《ごひゃくしょう》」というのがあります。聞法は仏法を聞くこと、五百回も生まれ変わる前から縁をつくっておいたお蔭で、いままさに仏さまのご縁にめぐり会って法を聞くというのです。偶然ではないということです。人と同席して対面するのも、五百回生まれ変わる前に、先祖が種をまいておいてくれたから、こうしてめぐり会うというのです。親子になるのは偶然ではない。兄弟姉妹になるのも偶然ではない。友だちになるのも先祖代々から種をまいておいてもらったお蔭ということです。法話会の席でお目にかかるのも、五百生前から先祖が種をまいておいてくれた結果です。そう思ったら、対面することの意味は深いものがあります。

必ず花咲く五百生先の縁

私はかつて大阪へ月に一度、お話に通うことがありました。晩の十時頃に京阪電車で帰ってきます。車内はもう空いています。樟葉《くずは》駅で客が一人乗ってきました。大きな男の人で、真っ黒の服を着ています。髪は雨が降っても顔にかからないくらい前髪が出ています。どこに座るかと見ていますと、長いベンチシートの私の横にぴったり座りました。向かいとか、もっと離れたところに座ればいいのに……。座るやいなや長い足を組んで、懐からコンパクトの鏡を出して、くしで前髪をスーッとくしけずります。えらい人やなあ、と思っていますと、私の横でくしをフッと吹きます。向こうに吹けばいいのに……。その時「同席対面五百生」ということを思い出しました。ここでこうしてこの人と同席し対面するのも、先祖代々が同席対面するよう約束しておいてくださったからなのだと思うと、この人と非常に仲良くなりました。別にしゃべったわけではなく、心の中で親しくなったのです。その人は祇園四条駅で降りましたが、一緒について降りようかと思ったくらいです。

「同席対面五百生」という先祖のご縁をいただいて対面したことは、まだ半分でしかありません。なぜかといいますと、対面したという結果が種として、また次に会う原因となるのです。ここでめぐり会っている縁が五百生先に必ず花を咲かせます。花咲く五百生先の結果が、明日であるのか、一年後であるのか、二年先であるのかはわかりませんが、必ず花が咲きます。ですから、いまどんな良い原因をつくっておくかが大切になります。良い縁にめぐり会ったら、次は周りの人にいかに良い縁を与えるかが大切です。なぜなら、今日に明日が凝縮されているからです。

繰り返しになりますが、私たちはすべて縁の中で生きていますので、良い縁を相手にプレゼントすることが大切です。そして、その良い縁が原因として、私たちの胸の中に飛び込んできます。千二百五十年前、鑑真和上は長屋王の「国は違っても風月は同じ。縁を結びたい」という言葉に応えて「縁だぞ」とおっしゃって身命を惜しまず日本に渡ってきました。これは本当に素晴らしい考え方だと思います。

絵馬の祈りを見るたびに

見えないいのち

国の格となる文化

清水寺は世界文化遺産に登録されております。正確に申しますと、「古都京都の文化財（京都市、宇治市、大津市）」といいます。名称からもわかりますように三つの市に点在する十七の文化遺産が含まれております。日本がユネスコの世界遺産条約を受諾しましたのは、条約ができてから二十年後の平成四年（一九九二）のことで、翌年に法隆寺や屋久島などが世界遺産に登録されました。古都京都の文化遺産はその翌年の平成六年に登録されております。早いものでもう四半世紀が過ぎました。

というわけで私は世界遺産にかかわるところに招かれて、いろいろな行事に参加したりしています。知床が世界遺産に登録された時は、シンポジウムに参加して話をしました。長崎と天草地方の潜伏キリシタンにかかわるところを世界遺産に登録してほしいという機運が起こった時は長崎県五島市の福江に来てほしいという依頼がありました。五島とはじめに聞いて「自然遺産なのですか、それとも自然と文化の複合遺産なのですか」と尋ねました。すると「文化遺産です」との答えでした。どのような建物なのか興味がわいてきました。キリスト教の教会が約五十あるといい、そのうちのいくつかを世界遺産に登録したいという希望で、市民の機運が高揚するように話をしてほしいということでした。

それで福岡から小さな飛行機に乗り換えて福江に向かいました。講演会はホテルが会場となっておりました。ちょうど開催日は日柄がよかったので、結婚式の披露宴が開かれておりました。受付のところに「出口家・入口家両家結婚披露宴」と書いてあります。思わず何度も見てしまいましたが、間違いなく出口家と入口家です。出口家はよくありますが、入口家は珍しいので、「ここらにはある苗字《みょうじ》ですか」と聞きました。「確かにおられます。しかし、出口家と入口家が結婚するのは珍しい」という話でした。披露宴の司会者は難しいでしょうね。「出口家の方は、入口からお入りください。入口家の方は出口から…」といったことになります。

講演会では文化はその地域にとって、そしてこの国にとって、いかに重要なものであるかを話しました。しかしながら文化は極めて繊細なものであります。人々の目、注目度がなくなったら、たちまち壊れていきます。文化や伝統は単なる歴史の継続ではありません。そこに次々と輝きを吹き込んでいく必要があります。これは残された人間の仕事です。いまあるものはわれわれの先輩がずっと維持してきたものです。それに対し私たちがそっぽを向いたら壊れていきます。ですから私たちは常に文化に注目していかねばなりません。この国がどのような文化を伝統として伝えているのかがこの国の格、つまり国格になるのです。その文化は世界共通の文化となるものですから、世界遺産となるのです。

火の海から出された絵馬の命

清水寺には国宝、重要文化財がたくさん残されています。清水寺の文化財といいますと建物を思い浮かべると思います。意外に知られていないものに絵馬があります。たくさん残されています。寺にこれだけあるのは珍しいことです。絵馬はもともと神の乗り物とされる生きた馬を社《やしろ》に奉納していたものを絵に描いて納めたのが始まりです。ですから馬が多く描かれています。清水寺の絵馬は大小約六十面が保存されています。大阪の四天王寺や東京の浅草寺などにも残されていましたが、残念ながら戦災に遭っています。幸い京都は大きな空襲がありませんでしたので、重要文化財の絵馬が残りました。

絵馬のうち大きなものは横九メートル、縦二・六メートルもあり、現在も本堂に掲げられています。本堂の外陣に上り南を向きますと見ることができます。坂上田村麻呂公が蝦夷《えみし》と戦う清水寺縁起の場面を描いたものです。立派なものです。絵馬は最初小さなものから始まりましたが、時代を追うに従い大きくなってきました。

重要文化財の絵馬は清水寺に五面あります。四面は海外貿易船の末吉《すえよし》船と角倉《すみのくら》船を描いた絵馬です。末吉船は大坂の豪商・末吉氏が派遣した船で、寛永九年（一六三二）、十年、十一年の年号が入っています。もう一面の角倉船は、河川の舟運を開く工事をしました京都の豪商・角倉了以《りょうい》の子孫が奉納したものです。了以は七万五千両を費やして高瀬川を開いた人であります。現代のお金にしますと、約百五十億円をかけて運河を開き、大坂との物資輸送のルートを開いたわけです。

保存されています絵馬には色々と興味深い絵があります。先ごろ京都国立博物館で展覧会がありました狩野山雪《かのうさんせつ》の絵があります。馬が画面いっぱい躍り上がっています。友禅染で有名な宮崎友禅が描いた白衣《びゃくえ》観音もあります。西陣織でできた絵馬もあれば、幾何学の図を書いた算《さん》額《がく》もあります。算額はこの幾何学の問題が解けるか、解けたら言ってきなさいと書いています。ほとんどは本堂に掛かっていたものであり、皆さんがお参りして見ていたわけで、本堂は言ってみたら画廊でもあったわけです。

これらの絵馬の中で私にとって特に忘れられない一面があります。「朝比奈草摺曳図《あさひなくさずりびきず》」という武者絵です。長谷川等伯《とうはく》の息子の久蔵《きゅうぞう》が描いています。久蔵は二十六歳で亡くなっていますが、絵馬はその前年の作です。久蔵の作品は極めて少ないのですが、絵馬となるとさらに少な

宝蔵殿に掲げられる長谷川久蔵筆絵馬「朝比奈草摺曳図」
（清水寺蔵・重要文化財）

い。その貴重な絵馬が清水寺本堂に掛けられていました。それが重要文化財に指定された時、ゆっくり慎重に外して降ろしてきました。剥落《はくらく》止めをしなければなりませんので、ほこりを払いましたところ、裏に墨で文章がつづられています。何だろうと読み始めて、びっくりしました。

寛永六年九月十日、当寺炎上の刻《とき》、

寛永の清水寺大火の日がはっきりと書かれています。続いて、こうあります。

この一画のみ不思議に相残《あいのこ》る事、頗《すこぶ》る火坑変成池《かきょうへんじょうち》の威力か、万人これを感ず。

つまり大火の中、不思議にもこの絵馬だけが残ったのは観音さまの威力かとあります。

則《すなわ》ち末孫直弟ら、修営を相加《あいくわ》え、以《もっ》て宝前に備え奉る者なり、宿坊成就院、寛永八年二月吉日敬白。

修理して、また御本尊の宝前に奉ったと書かれていて、絵馬の裏には一面に火の粉の跡が残っているのです。ちょっと触ると消し炭が指につきます。これを見て私は感動に震えました。火の海からこの一面の絵馬を外してきたのです。観音さんの威力かとありますが、観音さんが出てきたわけではありません。年寄りでは無理でしょうから、若者たちが頭から水をかぶり、燃えさかる火の海に飛び込んで、高いところに上り絵馬を外して持ち出してきたのです。大きくて重い絵馬です。最低でも十人はいるでしょう。当時からこの絵馬は貴重だと、みんなが熱い思いで目を向けていたのです。助け出す状況がまざまざと浮かんできて、私は粛然とした気持ちになりました。火の粉の舞う中で、この絵馬を何としても守っていかねばならないという多くの人たちの姿が見えてきます。現在は重要文化財の指定を受け収蔵庫に保管していますけれども、一面の絵馬を残すために観音さまに祈りを込めて火の中に飛び込んでいった多くの人たちの熱い心と眼差しがこの絵馬の命を永らえさせ、いまも生かし続けているのです。それがなくなったら絵馬も消えていきます。

「仏を祈る」と「仏に祈る」

絵馬は祈りが形になったものです。重要文化財の貿易船の絵馬にしても、今日では観賞用の絵馬のように思われていますが、これは海外渡航安全のために「観音さま、どうかよろしくお願いします」と願いを込め、あるいは「無事に外国貿易から帰ってきました。ありがとうございます」と感謝の気持ちを込めて奉納したものであります。どれも皆さんの祈りの結晶です。

絵馬はいま祈りから生まれたものだといいましたが、祈りといいますと極めて宗教的なことのように聞こえます。しかし、祈りは宗教的なことではなく、日常的なことだと思います。皆さんの家庭でも、息子や孫が半月間、あるいは一カ月間外国旅行をするとした場合、残された家族は祈る気持ちになります。神や仏というような対象がなくても、「無事に行きや」「食べ物に気を付けや」と言って送り出し「今日は電話がかかってきたか。そうか、あと八日やな」と話しながら、祈るのではないでしょうか。神や仏がなくても、われわれの日常生活の中に祈りがあるのです。

祈りには「仏を祈る」と「仏に祈る」の二つがあります。「仏を祈る」とは「仏に感謝する」「ありがとうございます」という意が込められています。「仏に祈る」とは「仏に願う」「お願いします」という意味であります。

繰り返しますが、はじめの「神仏を祈る」は、ただただ「おおきに」という気持ちを表しているのです。伊勢神宮にお参りすることを「御蔭参《おかげまい》り」といいます。お伊勢さんでは、ただ「お蔭さまでございます」「有り難いことです」と祈ります。伊勢神宮には「おかげ横丁」が参道にあり有名です。これが「神仏を祈る」です。もう一つの「神仏に祈る」は、何かをしてほしいと祈ることです。その時、水《みず》垢離《ごり》をしたりします。あるいはお百度や、お千度を踏みます。これは願いを聞いてほしいという現世利益です。日常的にあることです。清水の舞台から飛び降りるのも同じです。自殺ではありません。観音さまにお願いしますと言って飛び降りるのです。なかなかできることではありませんが、江戸時代の記録を見ますと実際に飛び降りた人が二百三十人ほどいます。皆さんは決して飛んではいけません。明治維新の時に京都府から禁止の触れが出ました。

その江戸時代の記録中に、江戸の芝（東京都港区芝）、増上寺の所領に暮らしている武蔵国橘《たち》樹《ばな》郡北加瀬村（神奈川県川崎市幸区）のお百姓さんの話が出てきます。文化六年（一八〇九）のことでした。夕暮れ時に舞台から飛び降りたのです。門番がすぐに見つけて寺の役人やら門前町の人やらに知らせ介抱しましたところ、お百姓さんは少々腰を痛めている程度で、「祈願したいことがあり武蔵からやってきた。清水寺近くの大仏前の宿屋に泊まっている」と言うのです。それで宿屋の主人を呼んで、「ようよう養生するように」と連れて帰ってもらいました。それから一カ月ほどして、武蔵のお百姓さんがひょっこりお参りに来ました。「すっかり元気になりました。ありがとうございます。これから武蔵に帰ります」と観音さまにお金をお供えしていったといいます。お百姓さんは観音さまに「お願いします」と「仏に祈り」、そして「感謝申し上げます」と「仏を祈った」のです。お百姓さんはきっと仏さまの大きな力に守られていると思ったに違いありません。

師匠さんの大きな守り

天龍寺（京都市）の前の管長で平田精耕《せいこう》老師という立派な学者がおられました。大学のドイツ語の先生でありまして、私も学生時代にドイツ語の講義を受けたのですが、いまは全く頭に入っておりません。先生は仏教学の権威でもありました。時折ドイツへ仏教学の講義に行かれましたが、その時に、われわれ学生が寄って壮行会をいたしました。先生のお父さんが私の師匠の大西良慶和上と大変懇意だったこともあり、私も親しくしていただいたのだと思います。ある時、壮行会に行きましたら、一冊の本をいただきました。なかに大変心打たれる話がありました。自分のお師匠さんで天龍寺管長でありました関牧翁《せきぼくおう》という立派な老師がおられたのですが、その牧翁老師が小僧さんだったころの思い出を精耕老師が書いているのです。

ある年のお正月の挨拶に、何代目かの清水六兵衛《きよみずろくべえ》さんが正月の皿をつくって献上に来られた時の話です。当時の天龍寺管長の関精拙《せいせつ》老師と六兵衛さんとが並んで、皿を前に置いていろいろ談義があったそうです。昼に点心といいまして簡単な昼食を出されました。すると皿が邪魔になるので、そばに控えておりました小僧の牧翁さんが、重たい皿を持って向こうへ行こうと二歩、三歩と歩きました。すると皿が手から滑って敷居《しきい》の上にバーンと落ちてしまいました。パンパラパンと割れたそうです。それはもう、牧翁さんはびっくりされたでしょう。そこにお師匠さんが座っておられる、隣には作者の人間国宝が座っておられる、その目の前で、持ってこられたまっさらの皿がパンパラパンとなったのです。小僧の牧翁さんはヘニョヘニョヘニョとその場に座り込み、目の前が真っ白になって何もわからなくなりました。そうしたら目の前のお師匠さんが大きな声で「おーい」と一言。ハッと牧翁さんは我に返りました。「ケガはなかったか」と言われたそうです。こんなこと言えますか。私は管長さんが大慈大悲心《だいじだいひしん》に生きておられるのだなと思いました。即です、咄嗟《とっさ》のことです。普通の人でしたら「なにしてるねん！　馬鹿もん」と言うぐらいでしょう。目の前に皿をつくった偉い陶芸家の先生がおられるのですから、面目が立ちません。それを「ケガはないか」と即座に言ったのです。牧翁さんはハッと我に返って「はあ」と応えますと、「はよ、それをしまえ」と言われたそうです。こんな大慈大悲心はないですね。牧翁さんは大きな心に守られていると思ったでしょう。

　牧翁さんは小僧を二、三年したら国へ帰ろうと思っておられたそうですが、「こんな立派なお方に私は一生ついていきたい」と立志をされました。そして最後は天龍寺の立派な管長になって、八十八歳まで長命を全うされたわけであります。

　私はこの話を九州のある田舎のお寺でさせていただきました。夜に講話会があって話のネタにさせてもらったのです。すると講席の後ろの方で住職の老僧が聴いておりました。話し終えて私が控え室に戻りましたところ、老僧が一番に走ってこられました。そして「ええ話をうかがいました」と言うので、「どういうことでしょうか」と尋ねますと、その老僧が「いま聞いたお皿の話です」と言って、次のような身の上話を話し始めました。

自分は貧乏寺の息子で、寺を継ぐのは長男と決まっていました。寺にもう次の住職がいますから、次男や三男はいりません。けれども親としたら、「お坊さんの衣を着せてやりたいな」というのが常であります。そういう場合は次男や三男を大きな寺の小僧さんに出すのです。小僧寺というのがあります。そこで学校を出してもらうのです。学校を出してもらうといっても、昔は義務教育の中学校までです。今だったら大学まででしょうけれど、当時は義務教育を終えると修行に出るのです。自分は臨済宗の小僧でしたから、専門道場へ何年もいって行をして、それからお師匠さんから「じゃあ、お前はこの寺に縁があるのだから住職をせい」といわれて住職にしてもらったのがいまの寺というわけです。そのお師匠さんは四六時中苦虫《にがむし》をかみつぶしたような怖い顔をしておられました。いつ思い出してみましても、怖いお師匠さんの顔しか思い浮かびません。そのお師匠さんが「おまえはこの寺の住職をせい」といってくださったから、お蔭で私はここにおるわけですが、あの怖い顔を思い出しましたらいまでもピリピリします。けれども今日はよくわかりました。あの怖い顔のなかに、やさしい本当に温かい心があって、「ここの住職をせい」と言ってくださったのだと思いましたら、何ともいえない気持ちです。自分は長年ここにおりますけれども、目から鱗が落ちたような思いではじめてお師匠さんの顔を思い出させていただきました。

老僧はこのようなことを言われたのです。私たちは大きな何かしらの力に包まれ、今日こうしてあるのです。具体的にはお師匠さんかもしれませんが、その奥にあるのは仏といってよいでしょう。

命のありがたさに感謝

先ほどは「仏を祈る」「仏に祈る」という話をしましたが、それでは仏とは何でしょうか。私たちを大きく包んでいるものです。あるいは私たちの中にあるものです。それぞれの宗旨によって仏については説明が違っています。例えば、大乗仏教は「悉有仏性《しつうぶっしょう》」といい、森羅万象に仏が宿ると説きます。木も草も仏を宿しているといいます。仏ほど尊いものはない、かけ替えのないものはないと教えます。しかし、学生や仏教になじんでいない人に話をする時、急に仏といっても驚いてしまいます。そこで仏を命と考えてはどうかと思うのです。生きているという命です。としますと「命に祈る」とは、命のことをよくよく考えることです。もう一つの

「命を祈る」とは、命に感謝することです。

　それにしても命は本当に不思議です。なぜ生きているのでしょうか。私の心臓であっても、私が心臓を動かしているわけではありません。昨夜寝て、翌朝起きられるという保証は誰もすることができません。夕べ寝て二、三日眠ったままになったとしても何の不思議もないのです。脳梗塞《のうこうそく》を患って、ふと目が覚めたら病院に十日間も寝ていたという話を聞いたことがあります。永遠に寝ていたとしても不思議ではないのです。いくらたっても起きてこないので見に行ったら冷たくなっていた話はよく耳にします。にもかかわらず皆さんは今朝起きて、法話会の席に着いています。不思議なことに、ちゃんと元気に起きています。

　命の有り難さ、不思議さによくよく感謝し、同時によくよく考えることです。この命を考えることとは哲学ということです。これに対して命に「おおきに」「ありがとう」ということは宗教だと思います。英語でよく使います「感謝」の「thank-you サンキュー」「thank サンク」は「考える」の「think シンク」と同じ語源からきています。命についてよくよく考える、そして本当だなといって感謝を述べる、これが宗教だと思います。『法句経《ほっくきょう》』に「人の生を受けるは難く、やがて死すべきものの、いま命あるはありがたし」とお釈迦さまは言っています。やがて死んでいくけれども、いま生きていることの有り難さです。

宗旨によって仏の説き方は違うといいましたが、天台宗ではすべてのものに仏が宿るということを本覚思想といいます。『法華経』では一乗思想といいます。『華厳経《けごんきょう》』では蓮華思想といいます。みな同じことを言っているのです。密教では胎蔵界《たいぞうかい》思想、禅宗では見性成仏《けんしょうじょうぶつ》といいます。私たちの命の根源の尊さを述べています。

宗教という言葉は、明治になって外国語のレリジョンを訳したものです。宗とはかけ替えのない大本ということです。これがなかったら成り立たないものです。「むね」はほかにも家の「棟」、要旨という言葉の「旨」、人間の「胸」、いずれもこれがなければ成り立たない大切なものということです。その教えということですから、私は宗教とは命の教えということだろうと思うわけです。

この命には「見える命」と「見えないいのち」があります。「見える命」とは生物的生命、こうして生きているということです。このかけ替えのない生物的生命が成り立つためには、無数の力が働かなければ保ち得ません。それは何かといえば、「見えないいのち」があるからです。命というか、働きというか、エネルギーというか、縁というか、そのようなものがあって「見える命」が成り立っているのです。「見えるもの」は「見えないもの」に支えられているのです。皆さんが法話会の席に着いておられるのも、「行ってくるよ」と言って家を出る時、皆さんの家庭で「行っておいで」という人がいるから来られるのです。「行っておいで」という見えない縁というか、力というか、それがあるから来られるのです。「行ったらあかん」と言う人がいたら、出掛けてくることはできません。「うちには誰もいません」と言う人にも、家に猫や犬がいて、帰宅して「行ってきたよ」と声をかけたら、「ニャーン」と迎えてくれます。

俳人の小林一茶がなくなる年に詠んだ句に、

　花の陰《かげ》寝まじ未来が恐ろしき

というのがあり、これから訪れる来世が恐ろしいといっています。その句の前書きに一茶は「耕さずして喰《くら》ひ、織らずして着る体《てい》たらく、今まで罰《ばち》のあたらぬもふしぎ也《なり》」と書いています。これを読んだ時、風が吹いたら飛んでしまうような私であっても、宇宙総がかりで私を生かしめているのだなあと感じました。私の周りの空気にしろ、大自然にしろ、社会の働きにしろ、無数の力があって私一人が成り立っています。まさしく耕さずして食べて、織らずして着て、無数の働きが支えています。これに対して何も思わないのは恐ろしいことになります。

この「見えないいのち」を宗教的生命ということができます。生物的生命は宗教的生命に「おおきに」といって感謝しなければなりません。この関西弁の「おおきに」は「おおきなり」という言葉からきています。「大である」という意味です。インドのサンスクリット（梵語）の

「マカ」とは「大きな」「偉大な」ということですが、中国で学僧が訳す時、大き過ぎて訳せないので、「摩訶《まか》」と音訳しました。『摩訶般若波羅蜜多心経』の摩訶がそうです。これを無理に訳しますと「勝」「大」「多」となります。ですから「大般若」と訳したりします。「おおきに」は「大いなる力に支えられてもらって、おおきに」ということです。本当に良い言葉です。無量の力をいただいていますということです。「滅多にない」「有り難し」の「ありがとう」ではありません。関西の人は電話の時など「おおきに、すんまへん」と言って切ります。「すんまへん」も感謝です。無量の力をいただいて「すみません」と言い「おおきに」と言うことになるのです。

あとがき

今年の正月はまことに感慨深い思いに心が満たされておりました。依然コロナ禍のもとにありましたから、例年のような来客はなくて寂しいものがありましたが、それでも独り豊かな時を過ごしておりました。

といいますのも、冒頭の章で述べましたように「平成の大修理」が実に十年余の歳月をかけて無事完工したことであります。諸堂塔伽藍が寛永の再建当初の姿に復し、境内の美しい風光と相まって観音浄土が示現したのであります。まさに感無量であります。

しかし、それだけではありません。私は昭和十五年の生まれですので、この正月は満八十、すなわち傘寿の春であったのです。そして師匠の中興開山大西良慶和上の弟子に加えていただいたのが昭和三十年十五歳の時ですから、今年は法歳六十六を数えるのであります。さらに清水寺住職に就いたのが昭和六十三年であり、在職三十三年を迎えたのであります。言うまでもなく「三十三」は「三十三身」「三十三所霊場」等々、観音菩薩にとりわけ関わりの深い有り難い数であります。

そのような滅多にない節目の年の正月であったわけであります。

思い返せば、住職就任当時は青二才で何もわからないまま、大西真興執事長をはじめとする山内の諸賢・諸先輩に助けられ、先徳が守り伝えてきた「清水観音信仰」の鼓吹に精進することをひたすら念じたのであります。その時に大きな足掛かりとなると思えましたのが、目前に迫っておりました三十三年に一度の「平成十二年本尊御開帳」であります。間もなく山内僧侶、門前会会員、お出入り関係者等で「御開帳実行委員会」を結成し、開帳の期間を約一年間と定め、三月三日に開白し、夏の中日法要を経て、十二月三日に結願するという空前の御開帳を執行することになりました。期間中は各種多彩な奉納行事を催行するように組み立てました。そして、その告知のために、北は北海道から南は沖縄まで「出開帳」としての清水寺展を開催し、新しい清水観音信仰の布教を模索したのであります。

続いて有縁の地に「清水音羽の会」を結成いたしました。弘前（青森県）、那須（栃木県）、滑川（富山県）、山形村（長野県）、名古屋（愛知県）、京都の各地に毎月、あるいは毎年の講話会を催して、若い僧侶とともに各地域の方々と清水観音信仰の交流を深めているのであります。すでに若い僧侶たち四師は共著『清水寺にあいにこないか』を出版し、いまやそれぞれの法務において着実に役割を果たすところに到っております。

本書『こころの姿』の出版は先に述べましたように「平成の大修理」が仏天の御加護と十方の皆様の御芳情、そして国庫の御助成のもと無事完了した感謝の念によるものであります。併せて有り難い節目の記念とすべく企画した書であります。

末筆ながら、上梓にあたり力添えいただいた大西執事長にお礼申し上げます。また坂井輝久学芸員には原稿整理や写真準備の労をわずらわせ、淡交社の井上尚徳氏には出版の世話をいただいたことを書き添え謝意といたします。

令和三年　開山忌の日に

東嶺庵主　清範　記す

［写真協力］

王滝村役場

公益財団法人日本漢字能力検定協会

宗教法人霊山観音教会

便利堂

〔著者略歴〕

森　清範（もり　せいはん）

清水寺貫主。昭和十五年（一九四〇）、京都市清水生まれ。

同三十年、十五歳で清水寺貫主の大西良慶和上のもとに得度、入寺。

同三十八年、花園大学卒業後、清水寺塔頭の真福寺・泰産寺各住職などを歴任。

同六十三年、清水寺貫主・北法相宗管長に就任、現在に至る。

全国清水寺ネットワーク会議代表、文人連盟会長、希望郷いわて文化大使。

著書に『一文字説法　観音のこころ』『見える命　見えないいのち』『四季のこころ』など多数。

森清範法話集　こころの姿

令和三年九月十六日　初版発行

著者　森　清範
発行者　納屋嘉人
発行所　株式会社　淡交社
本社　〒六〇三－八五八八　京都市北区堀川通鞍馬口上ル
営業（〇七五）四三二－五一五六
編集（〇七五）四三二－五一六一
支社　〒一六二－〇〇六一　東京都新宿区市谷柳町三九－一
営業（〇三）五二六九－七九四一
編集（〇三）五二六九－一六九一
www.tankosha.co.jp

装訂　株式会社　ザイン

印刷・製本　株式会社　渋谷文泉閣

ISBN978-4-473-04477-8